HANS CHRISTIAN RÖHL / CLEMENS LADENBURGER

Die materielle Präklusion im raumbezogenen Verwaltungsrecht

Schriften zum Öffentlichen Recht

Band 731

Die materielle Präklusion im raumbezogenen Verwaltungsrecht

Verfassungs- und gemeinschaftsrechtliche Vorgaben / Verwaltungsrechtsdogmatische Einordnung

Von

Hans Christian Röhl und
Clemens Ladenburger

Duncker & Humblot · Berlin

Die Deutsche Bibliothek – CIP-Einheitsaufnahme

Röhl, Hans Christian:
Die materielle Präklusion im raumbezogenen Verwaltungsrecht : verfassungs- und gemeinschaftsrechtliche Vorgaben, verwaltungsrechtsdogmatische Einordnung / von Hans Christian Röhl und Clemens Ladenburger. – Berlin : Duncker und Humblot, 1997
(Schriften zum öffentlichen Recht ; Bd. 731)
ISBN 3-428-09206-6

Fotoprint: Werner Hildebrand, Berlin
Printed in Germany

ISSN 0582-0200
ISBN 3-428-09206-6

Gedruckt auf alterungsbeständigem (säurefreiem) Papier
entsprechend ISO 9706 ♾

Inhaltsverzeichnis

A. Präklusion - Überblick

An der Schnittstelle zwischen Verwaltungsverfahren und Verwaltungsprozeß findet sich das Institut der materiellen Präklusion. Hiermit formt der Gesetzgeber das Gebot institutioneller Rücksichtnahme zwischen gerichtlichem Verfahren und Verwaltungsverfahren aus, dessen Beachtung es bei großräumigen Genehmigungs- und Planungsentscheidungen besonders bedarf. Bislang zählte die materielle Präklusion zum klassischen Bestand des Großanlagengenehmigungsrechts. Nunmehr hat sie vor allem im Planfeststellungsrecht ein neues Anwendungsfeld gefunden und kommt in Baden-Württemberg sogar im Baugenehmigungsverfahren zum Einsatz[1]. Auf diese Weise wird sie weithin zum Standardinstrument des raumbezogenen Verwaltungsrechts. Diese Bedeutung erfordert erneute Überlegungen zu den dogmatischen Grundlagen des Instituts[2]. Im Angesicht der neuen Einsatzfelder muß sich auch dessen verfassungsrechtliche Rechtfertigung aufs neue eine Überprüfung gefallen lassen[3]. Hinzu kommt eine ernsthafte Herausforderung, die die Rechtsschutzanforderungen des Europarechts mit sich bringen[4]. Insgesamt erweist sich die materielle Präklusion als eine zulässige gesetzgeberische Gestaltung, deren Einsatz aber restriktiver zu handhaben ist, als es Teile der Literatur und insbesondere die neuere Rechtsprechung glauben machen wollen. Ein hiervon zu unterscheidendes Instrument ist der Ausschluß verspäteter Stellungnahmen von Behörden ("Behördenpräklusion")[5].

I. Entwicklung der Rechtslage

Eine Präklusion verspätet geltend gemachten Vorbringens im Verwaltungsverfahren mit Wirkung auch für den nachfolgenden Verwaltungsprozeß ordnen nach der überwiegenden Auffassung Vorschriften mit der Formulierung an, die nicht rechtzeitig geltend gemachten "Einwendungen" seien "ausge-

---

[1] Dazu unter A.

[2] Dazu unten B.

[3] Dazu unten C und E.

[4] Dazu unten D.

[5] Dazu unten F.

schlossen". Im Gegensatz hierzu stehen die Vorschriften, die bloße Fristen für die Geltendmachung von Einwendungen vorsehen und denen daher Wirkung nur für das Verwaltungsverfahren selbst zugesprochen wird (formelle Präklusion). Diese Interpretation hat sich der Gesetzgeber in jüngerer Zeit zu eigen gemacht, indem er die Formulierung "Einwendungen ... sind ausgeschlossen" mit der expliziten Intention wählte, eine materielle Präklusion anzuordnen[6].

Im Mittelpunkt des wissenschaftlichen Interesses und der gerichtlichen Entscheidungspraxis standen bislang der mit den besonderen *Anlagengenehmigungsverfahren* des Atomrechts[7] und des Immissionsschutzrechts[8] verbundene Einwendungsausschluß. Mittlerweile ist ein solcher auch in § 5 Abs. 1 S. 2 der Gentechnik-Anhörungsverordnung (GenTAnhV)[9] enthalten. Diese Regelungen gehen auf die ebenfalls eine materielle Präklusion anordnende Vorschrift des § 17 Abs.2 GewO a.F. zurück. In geringerem Maße Gegenstand von Erörterungen war die Verbindung von Präklusionsvorschriften mit *Planfeststellungsverfahren*[10], wie sie schon bisher das Wasserstraßenrecht[11] und die Wassergesetze einiger Länder kannten[12]. Nunmehr wird man sich der Abstimmung des Instituts mit solchen Entscheidungstypen und insbesondere der Dogmatik der planerischen Abwägung stellen müssen: Ausgehend von den Ansätzen im Bundeswasserstraßenrecht hat die materielle Präklusion über die

---

6 Stellungnahme des Bundesrates zum Entwurf eines Dritten Rechtsbereinigungsgesetzes, BRDrucks. 510/88 (Beschluß), S. 29 (zu § 17 Abs. 4 BFStrG); Beschlußempfehlung und Bericht des Innenausschusses zum Entwurf eines Dritten Rechtsbereinigungsgesetzes, BTDrucks. 11/6805, S. 72 (§ 36 Abs. 4 BBahnG); RegEntwurf zum GenBeschlG, BTDrucks. 13/3995, S. 10 (§ 73 Abs. 4 BVwVfG). Bereits in der Begründung zu § 7 AtVfV, BRDrucks. 524/76, S. 7.

7 § 7 AtVfV.

8 § 10 Abs. 3 S. 3 BImSchG. Vgl. auch § 54 Abs. 2 des Entwurfs zum UGB-AT (*Kloepfer/Rehbinder/Schmidt-Aßmann*, Umweltgesetzbuch Allgemeiner Teil, 1990, S. 60, 275).

9 I.d.F. der Bek. v. 4.11.1996 (BGBl. I S. 1649); dazu *Hirsch/Schmidt-Didczuhn*, Gentechnikgesetz, 1991, § 18 Rn. 52 ff.

10 In diesen Zusammenhang rechnet systematisch auch die Vorschrift des § 59 Abs. 2 FlurberG; § 34 Abs. 2 LBG bezieht sich dagegen eher auf einen Einwendungsausschluß im zweipoligen Verfahren, *W.-D. Milger*, Die Präklusion von Rechten Dritter in Genehmigungs- und Planfeststellungsverfahren, 1991, S. 91 Fn. 216.

11 § 17 Nr. 5 BWaStrG.

12 Letztere darüber hinaus bei wasserrechtlichen Erlaubnissen und Bewilligungen, seit 1982 allerdings beide nurmehr in einigen Ländern: § 107 Abs. 2, § 108 Abs. 2 WG BW; § 148 Abs. 1 S. 4, § 158 WG NRW; § 115 i.V.m. § 27 Abs. 2 LWG Rh.-Pf.; § 128 Abs. 3, § 14 Abs. 1 Nr. 1 Sächs. WG; z. Ganzen *Ronellenfitsch*, VerwArch 74 (1983), S. 369 ff.; *Hoppe/Beckmann*, Umweltrecht, 1989, § 13 Rn. 130; *Milger*, Präklusion (Fn. 10), S. 94 ff.

bundesrechtliche Verkehrswegeplanung[13] mit § 73 Abs. 4 S. 3 BVwVfG das allgemeine Planfeststellungsrecht erreicht. Weil bislang für den Großteil der Planfeststellungsverfahren nach Bundesrecht die materielle Präklusion speziell angeordnet ist, liegt die Bedeutung des § 73 Abs. 4 S. 3 BVwVfG vor allem in seiner Vereinheitlichungs- und Vorbildfunktion für die Landesgesetzgebung. Allerdings hatten schon vorher mehrere Landesstraßengesetze die Entwicklung aufgenommen und den Einwendungsausschluß in der Landesstraßenplanung eingeführt[14]. Die Länder werden ihn alsbald in die LVwVfGe übernehmen.

Endgültig in die allgemeine Aufmerksamkeit rücken würde das Institut der materiellen Präklusion dann, wenn das Modell des baden-württembergischen Landesgesetzgebers Schule machte, der in § 55 Abs. 2 LBO BW die materielle Präklusion für die Angrenzerbeteiligung im *Baugenehmigungsverfahren* eingeführt hat[15]. Gleichzeitig bringt die Erstreckung dieses Instituts auf die Baugenehmigung als Musterbeispiel der kleinräumigen, wenig komplexen und strikt gebundenen Genehmigungsentscheidung neue Einordnungsprobleme mit sich. Von ganz anderem Zuschnitt, gleichwohl großer praktischer Bedeutung ist die materielle Präklusion, die § 5 Abs. 2 S. 3, 4, Abs. 3 InvestitionsvorrangG[16] im Zusammenhang mit dem Investitionsvorrangbescheid als wirtschaftsverwaltungsrechtliche, privatrechtsgestaltende Entscheidung "sui generis" anordnet.

Im Zuge der Beschleunigungsgesetzgebung der letzten Jahre sind schließlich Normen entstanden, nach denen verspätet vorgebrachte *Stellungnahmen von Trägern öffentlicher Belange* in bestimmten Grenzen für die Entscheidung unbeachtlich sein können. Eine solche Regelung war zunächst in § 2 Abs. 4

---

[13] Zunächst § 17 Abs. 4 BFStrG und § 36 Abs. 4 BBahnG (jetzt § 20 Abs. 2 AEG) jew. i.d.F. d. G v. 28.6.1990 (BGBl. I 1221); dann § 10 Abs. 4 LuftVG, § 29 Abs. 4 PBefG i.d.F. d. G. v. 17.12.1993 (BGBl. I 2123).

[14] § 37 Abs. 13 StrG BW; § 39 Abs. 3 Bbg. StrG; § 45 Abs. 8 S. 3 StrWG M.-V.; § 39 Abs. 3a S. 1 StrWG NRW; § 6 LStrG Rh.-Pf.; § 39 Abs. 5 Sächs. StrG; § 37 Abs. 6 S. 3 StrG S.-Anh.; § 38 Abs. 5 S. 3 Thür. StrG. Vgl. ferner § 38 Abs. 5 S. 1 des Musterentwurfs für ein Länderstraßengesetz 1991 in: Blümel (Hrsg.), Verkehrswegeplanung in Deutschland, 1991, S. 440.

[15] Nach § 55 LBO BW sind die Angrenzer vor Erteilung der Baugenehmigung von der Behörde vom Bauantrag zu benachrichtigen und können innerhalb von zwei Wochen Einwendungen erheben. - Die materielle Präklusion, die schon in der MBO 1961 (nicht mehr in der von 1981) enthalten war, fand sich bis vor kurzem auch in der LBO des Saarlandes. Zusammen mit der Angrenzerbeteiligung ist sie hier entfallen.

[16] G. v. 14.7.1992 (BGBl. I S. 1268).

S. 4 BauGBMaßnG enthalten und ist jetzt mit seiner Aufnahme in § 73 Abs. 3a S. 2 BVwVfG Bestandteil des allgemeinen Planfeststellungsrechts und über die Regelung des Sternverfahrens in § 71d Abs. 2 BVwVfG auch des allgemeinen Genehmigungsrechts geworden. Eine genauere Betrachtung dieser Normen, die in der Literatur bislang wenig Beachtung gefunden haben, wird erweisen, daß hier nicht einfach eine weitere materielle Präklusion geregelt wurde, wie es der Sprachgebrauch des Gesetzgebers und einzelner Autoren vermuten ließe[17], sondern ein eigenständiges Rechtsinstitut entstanden ist, das ganz neue Rechtsfragen aufwirft.

II. Der weitere Rahmen: Sanktionen für unterlassene oder verspätete Beteiligung im Verwaltungsverfahren

Das im folgenden untersuchte Institut der materiellen Präklusion schließt für den Verwaltungsprozeß die Geltendmachung von Einwendungen Dritter aus, wenn sie im Verwaltungsverfahren nicht oder verspätet vorgebracht wurden. Es läßt sich anhand einiger typusbestimmender Merkmale von verwandten Instituten abgrenzen, die gleichfalls eine Sanktion für unterlassene oder verspätete Beteiligung im Verwaltungsverfahren darstellen und teilweise auch unter den Begriff der Präklusion eingeordnet werden:

- Der materiellen Präklusion geht es um die Geltendmachung *subjektiver Rechte* im Verwaltungsverfahren und -prozeß. Dementsprechend zählen hierzu nicht die Regelungen, die manche Länder im Zusammenhang mit der naturschutzrechtlichen Verbandsklage eingeführt haben: Hiernach kann sich der Verband im Verwaltungsprozeß nur auf solche Einwendungen stützen, die bereits in seiner Stellungnahme im Verwaltungsverfahren enthalten waren[18]. Subjektive Rechte sind auch nicht im Spiel, soweit es um die Geltendmachung der Verletzung von Rechtsvorschriften gegen-

---

[17] S. BRDrucks. 635/96, S. 33; *Wagner*, in: Hoppe (Hrsg.), UVPG-Kommentar, 1995, § 7 Rn. 39; *Krautzberger*, NVwZ 1996, S. 1047 (1049).

[18] Am deutlichsten im Sinne eines Einwendungsauschlusses § 60c Abs. 3 S. 1 Nds. NatSchG; ferner § 36 Abs. 1 Nr. 4 Hess. NatSchG. Wohl auch in diesem Sinne § 37b Abs. 2 Nr. 4 NatSchG Rh.-Pf.; § 65 Nr. 4 Bbg. NatSchG: "Klagerecht, *soweit* der Verband sich im Verwaltungsverfahren beteiligt hat". Eine offene Frage ist, ob der Einwendungsausschluß auch in den übrigen Ländern gelten soll, die nur allgemein die Beteiligung des Verbands im Verwaltungsverfahren zur Voraussetzung des Klagerechts machen, vgl. § 39b Abs. 2 Nr. 2 NatSchG Berlin; § 44 Abs. 2 Nr. 3 NatSchG Bremen; § 41 Abs. 2 Nr. 3 NatSchG Hbg.; § 33 Abs. 2 Nr. 2 Saarl. NatSchG; § 58 Abs. 2 Nr. 1 Sächs. NatSchG; § 52 Abs. 2 Nr. 1 NatSchG S.-Anh.; § 51c Nr. 3 NatSchG Schl.-H.; § 46 Abs. 2 Nr. 1 Thür. NatSchG .

über einem Bebauungsplan durch die Aufsichtsbehörde im Anzeigeverfahren gem. § 11 BauGB geht[19]. Auf die Besonderheiten des verwaltungsgerichtlichen Wahlprüfungsverfahrens sind Ausschlußfristen des Wahlrechts, z.B. in § 31 Abs. 1 S. 2 KommWahlG BW[20] zurückzuführen.

- Die materielle Präklusion bezieht sich auf *Einwendungen Dritter*, durch die Verwaltungshandlung Belasteter, die daher zumeist kein eigenes Interesse am Zustandekommen der Entscheidung haben. Es handelt sich also um eine Konstellation mit anderen Problemen als Ausschlußfristen für die Mitwirkung von Adressaten begünstigender Verwaltungsakte, wie sie z.B. das Prüfungsrecht und das AsylVfG kennen:
  Im Prüfungsrecht besteht - teilweise durch besondere Vorschriften konkretisiert - der im Gebot der Chancengleichheit wurzelnde Grundsatz, daß Mängel der Prüfung unverzüglich geltend gemacht werden müssen[21]. Diese Regel kann eben wegen dieser ihrer Fundierung anders als die materiellen Präklusionsnormen auch ohne Bezug auf den Prozeß, nämlich als verfahrensrechtlicher Heilungstatbestand verstanden werden: Wer den Prüfungsmangel nicht rügt, sondern das Prüfungsergebnis abwartet, muß als *korrekt behandelt* gelten.
  Nach § 36 Abs. 4 S. 3 i.V.m. § 25 Abs. 3 AsylVfG kann das Gericht Vorbringen, das im Asylverfahren verspätet war, unberücksichtigt lassen, "wenn andernfalls die Entscheidung verzögert würde". Diese Ausschlußmöglichkeit befindet sich immerhin in der Nähe der materiellen Präklusion[22], sie soll hier aber schon deswegen nicht behandelt werden, weil mit Art. 16a Abs. 4 S. 1 GG eine ausdrückliche verfassungsrechtliche Grundlage vorliegt.

- Die materielle Präklusion führt *zwingend* zu einem Einwendungsausschluß. Auch darin läßt sie sich von einer prozessualen Vorschrift wie

---

19 Dazu OVG Münster v. 19.11.1991, NVwZ-RR 1992, S. 536.

20 Dazu VGH Mannheim v. 2.12.1991, NVwZ-RR 1992, S. 261. Die Nachprüfung von Wahlverfahren soll dem Bereich des Art. 19 Abs. 4 GG entzogen, sein, BVerfG v. 25.7.1967, E 22, 277 (281); v. 14.3.1984, E 66, 232 (234); krit. *H. Meyer*, Wahlgrundsätze und Wahlverfahren, in: Isensee/Kirchhof (Hrsg.), Handbuch des Staatsrechts - HBStR - Bd. 2, 1987, § 38 Rn. 61 ff.

21 BVerwG v. 22.6.1994, E 96, 126 (128 ff.); dazu noch *Kopp*, Verwaltungsverfahrensgesetz, 6. Aufl. 1996, § 2 Rn. 57d.

22 Also solche bezeichnet z.B. von *Bonk*, in: Sachs (Hrsg.), Grundgesetz, 1996, Art. 16a Rn. 70.

z.B. § 36 Abs. 4 S. 3 i.V.m. § 25 Abs. 3 AsylVfG abgrenzen, die den Ausschluß in das Ermessen des Richters stellt.

- Der Ausschluß der Einwendungen ist *auf den Prozeß bezogen*. Insofern unterscheidet sich die materielle Präklusion von Vorschriften, die eine Heilung oder eine Fiktion[23] anordnen.

- Der Ausschluß der Einwendungen kann *sämtliche Einwendungen* des Klägers erfassen. Nur ein einzelner Verfahrensausschnitt spielt demgegenüber eine Rolle, wenn ein Ablehnungsrecht in Folge bekannter Befangenheitsgründe entsprechend dem in § 43 ZPO konkretisierten Rechtsgedanken unverzüglich bereits vor Einlassung zur Sache geltend gemacht werden muß[24].

III. Befund: Ausdifferenzierung

Die materielle Präklusion im eigentlichen Sinne, die Thema dieser Abhandlung sein soll, bildet einen Bestandteil durchaus verschiedener Verfahrenszusammenhänge: Sie beruht nicht nur auf bundesrechtlicher Anordnung, zunehmend wird sie auch zu einem Institut des Landesverwaltungsverfahrensrechts. Die Struktur der Entscheidungen, in denen sie zum Einsatz kommt, reichen von der großräumigen atomrechtlichen Genehmigung mit einer unüberschaubaren Anzahl von Einwendern oder der Fernstraßenplanung mit einer Vielzahl von Betroffenen und berührten Interessen bis zur eher kleinräumigen Baugenehmigung mit einer abzählbaren Menge präklusionsbetroffener Angrenzer. Das materielle Entscheidungsprogramm variiert zwischen der im wesentlichen gebundenen und daher auch weitgehender gerichtlicher Kontrolle unterliegenden Genehmigungsentscheidung und der gerichtlich nur eingeschränkt überprüfbaren Planfeststellung. Gleichzeitig sind andere gerichtliche Kontrollstrukturen in die Überlegungen einzubeziehen: Bezog sich die materielle Präklusion bislang vor allem auf typische Drittklagesitua-

---

[23] Z.B. § 33 Abs. 1 AsylVfG, wonach der Asylantrag als zurückgenommen gilt, wenn der Ausländer das Verfahren trotz Aufforderung des Bundesamtes länger als einen Monat nicht betreibt. Als materielle Präklusion bezeichnet von *Rennert*, DVBl. 1994, S. 717 (723).

[24] BVerwG v. 2.7.1992, E 90, 287 (290). Ob dieser Grundsatz allgemein zu einer Rügepflicht für Befangenheitsgründe jedenfalls des § 21 VwVfG erweitert werden kann (so wohl *Bonk*, in: Stelkens/Bonk/Sachs, Verwaltungsverfahrensgesetz, 4. Aufl. 1993, § 21 Rn. 9; *Kopp*, VwVfG, § 20 Rn. 4), ist nicht sicher; das BVerwG bezieht den Verlust des Befangenheitseinwandes auf das Vorliegen eines Ablehnungsrechtes.

tionen mit ihrem durch die Reichweite des betroffenen subjektiven Rechts eingeschränkten Kontrollumfang, so erstreckt sie sich im Zusammenhang mit Planfeststellungsbeschlüssen auch auf den planbetroffenen Eigentümer, der wegen der enteignenden Vorwirkung des Planfeststellungsbeschlusses eine umfassende Plankontrolle herbeiführen kann. Läßt sich so die materielle Präklusion nicht mehr einem bestimmten Verfahrenszusammenhang zuordnen, ergibt sich der Bedarf nach einer gründlicheren Analyse, die dieses Institut systematisch in den Zusammenhang des Allgemeinen Verwaltungsrechts einordnet. Nur mit einer solchen Rückbindung läßt sich hinreichende Sicherheit für die Rechtsfragen gewinnen, die sich mit der Erweiterung seines Anwendungsbereichs aufs Neue stellen. Grundlage aller Überlegungen muß also eine dogmatische Untersuchung des Einwendungsausschlusses sein.

B. Die materielle Präklusion als Institut des Verwaltungsrechts

I. Dogmatische Einordnung

Eine Anfechtungsklage bleibt erfolglos, weil und soweit der Kläger mit seinen Einwendungen materiell präkludiert ist. Über die dogmatische Konstruktion dieser Wirkung des Einwendungsausschlusses ist Übereinstimmung bislang nicht erzielt worden. Die vorgeschlagenen Alternativen[1]: Ausschluß des Tatsachenvortrags[2] und damit eine Rechts-"lähmung" oder aber ein Rechtsuntergang[3], lassen sich jeweils nicht vollständig mit den Merkmalen der materiellen Präklusion vereinbaren.

1. Gegenstand des Ausschlusses

Der erfolgreichen Anfechtungsklage liegt ein materieller Aufhebungsanspruch[4] zugrunde. Er ergibt sich aus der Subsumtion eines Sachverhalts unter eine Rechtsnorm, die ein subjektives Recht gewährt. Dieses subjektive Recht umfaßt zumeist auch andere mögliche Ansprüche, z.B. auf Unterlassung oder - nach Verletzung - auf Schadensersatz. Zum Entstehen eines Anspruchs sind also immer eine begünstigende Rechtsnorm und ein die Tatbestandsvoraussetzungen dieser begünstigenden Rechtsnorm erfüllender Sachverhalt erforderlich[5]. Der Wegfall des Genehmigungsabwehranspruchs ergibt

---

[1] Bereits BVerwG v. 17.7.1980, E 60, 297 (301).

[2] So u.a. *Degenhart*, in: Erichsen/Hoppe/v. Mutius (Hrsg.), System des verwaltungsgerichtlichen Rechtsschutzes, Festschrift für C.-F. Menger, 1985, S. 621 (625); *W.-D. Milger*, Die Präklusion von Rechten Dritter in Genehmigungs- und Planfeststellungsverfahren, 1991, S. 210 ff.

[3] So *Papier*, NJW 1980, S. 313 (317); *U. Berger*, Grundfragen umweltrechtlicher Nachbarklagen, 1982, S. 223; *Nierhaus*, Beweismaß und Beweislast, 1989, S. 321 f.; *Schenke*, in: Bonner Kommentar, Art. 19 Abs. 4 (Zweitbearb.) Rn. 435; *Schmidt-Preuß*, Kollidierende Privatinteressen im Verwaltungsrecht, 1992, S. 535.

[4] *Gerhardt*, in: Schoch/Schmidt-Aßmann/Pietzner (Hrsg.), Verwaltungsgerichtsordnung, (Lsbl., Stand 1996), Vorb. § 113 Rn. 4. "Abwehranspruch", BVerwG v. 17.7.1980, E 60, 297 (301).

[5] BVerwG v. 17.7.1980, E 60, 297 (301).

sich dann, wenn der erforderliche Sachverhalt nicht vorliegt oder die Norm ihren begünstigenden Charakter verliert; in beide Richtungen wurde der Einwendungsausschluß verstanden.

Gegen die Interpretation im zweiten Sinne, also als Rechtsuntergang spricht, daß Einwendungen, die nach der Gesetzesformulierung der Gegenstand der Präklusion sind, sich jedenfalls im Anlagenzulassungsrecht nicht auf subjektive Rechte stützen müssen, sondern im Verwaltungsverfahren auch als Jedermann-Einwendungen erhoben werden können[6]. *Papier*, der die Konstruktion des Rechtsuntergangs vertritt, muß denn auch einen "ambivalenten" Einwendungsbegriff verwenden[7]. Die Interpretation als Rechtsuntergang kann auch den Ausschluß einzelner Einwendungen nicht erklären[8], da in diesen Fällen das jeweilige Recht noch Grundlage des Abwehranspruchs sein kann, wenn die übrigen hierzu erhobenen Einwendungen dies tragen: Kann der Kläger den Abwehranspruch aus einem beeinträchtigten Recht, etwa dem Eigentum an einem Grundstück, auf zwei Beeinträchtigungsfolgen stützen, trägt jedoch nur eine vor, ist er nur mit der zweiten präkludiert. Bei einer Klage gegen einen Planfeststellungsbeschluß für eine Eisenbahnstrecke kann die Berufung auf eine Zunahme der Luftverschmutzung, die nicht im Verwaltungsverfahren vorgebracht wurde, ausgeschlossen sein, im Gegensatz zu Lärmbeeinträchtigungen, die im Verwaltungsverfahren geltend gemacht wurden[9]. Auf die Beeinträchtigung ihres Selbstverwaltungsrechts kann sich die Gemeinde zur Abwehr einer Planung nur insoweit berufen, als sie hinreichend deutlich ihre konkreten Planungen vorgestellt hat[10]. Werden bei Einwendun-

---

[6] Im Recht der Planfeststellung müssen eigene "Belange durch das Verfahren berührt werden", es geht um anerkennenswerte eigene Interessen. Zum Unterschied zur Klagebefugnis *Stelkens*, in: Stelkens/Bonk/Sachs, VwVfG, § 74 Rn. 56.

[7] NJW 1980, S. 313 (316).

[8] So ist der Einwender bei Berufung auf seine Gesundheit mit einer besonderen Disposition, bei Berufung auf das Grundeigentum mit gegenüber der Anlage besonders empfindlichen Einrichtungen [BVerwG v. 17.7.1980, E 60, 297 (311)], die Gemeinde bei Berufung auf ihr Selbstverwaltungsrecht mit einzelnen Bestandteilen, etwa für die Aufgabenerfüllung erforderlichem Grundeigentum [BVerwG v. 13.3.1995, NVwZ 1995, S. 905 (906 unter 1.3.)] ausgeschlossen, wenn diese Details nicht jeweils vorgetragen wurden.

[9] BVerwG v. 18.4.1996, NVwZ 1996, S. 901 (904 unter 2); vgl. auch BVerwG v. 28.2.1996, NJW 1996, S. 2113 (2113 r. Sp.): Mit der Geltendmachung von Mängeln des Lärmschutzes ausgeschlossen.

[10] BVerwG v. 9.2.1996, NVwZ 1996, S. 1021 (1023); vgl. auch BVerwG v. 30.8.1993, NVwZ 1994, S. 371: Gemeinde mit Einwendungen in bezug auf Planungshoheit nicht präkludiert, dagegen mit solchen, die sich auf Beeinträchtigung gemeindlicher Einrichtungen stützen sollen (S. 373).

gen nur bestimmte Abschnitte eines Vorhabens bezeichnet, ist Vorbringen in bezug auf die anderen Abschnitte des einheitlichen Planfeststellungsbeschlusses im Prozeß ausgeschlossen[11].

In allen diesen Fällen bleibt der Abwehranspruch gleichwohl bestehen. Dies zeigt, daß Gegenstand des Einwendungsausschlusses weder der Anspruch als Ganzes noch die zugrundeliegende begünstigende Norm sein kann. Die Wirkung des Einwendungsausschlusses beschränkt sich auf den dem Abwehranspruch zugrundeliegenden Sachverhalt[12]. Allerdings schließt die materielle Präklusion im Prozeß nicht etwa den Tatsachen*vortrag*[13] aus, wie es in der Formulierung, präkludierte Einwendungen könnten "nicht mehr geltend gemacht werden", anklingt: Grundsätzlich gilt im Verwaltungsprozeß der Beibringungsgrundsatz nicht, die Partei muß nicht sämtliche ihren Anspruch tragende Tatsachen vortragen. Der Richter ist durch den Amtsermittlungsgrundsatz (§ 86 VwGO) zu einer Berücksichtigung auch nicht vorgebrachter Tatsachen verpflichtet, die zudem bereits von der Behörde ermittelt oder von anderen im Verfahren vorgetragen und somit aktenkundig sein mögen. Die materielle Präklusion bestimmt vielmehr, welche Tatsachen der Richter seiner Entscheidung zugrundezulegen hat, sie determiniert das Entscheidungsmaterial. Diese Rechtsfigur stellt so eine Einschränkung des Grundsatzes vollständiger Kontrolle der Behördenentscheidung *in tatsächlicher Hinsicht* dar: Vom Kläger innerhalb der Einwendungsfrist nicht Vorgebrachtes darf im Verhältnis zum Präkludierten nicht zum Gegenstand richterlicher Entscheidungsfindung gemacht werden[14].

---

11 BVerwG v. 13.3.1995, NVwZ 1995, S. 905 (906 unter 1.3. - Bezeichnung konkreter km-Abschnitte im Wasserstraßenbau).

12 *Degenhart*, FS Menger (Fn. 2), S. 624 f.; *J. Ipsen*, DVBl. 1980, S. 146 (151). Anderes ergibt sich auch nicht aus der Entscheidung des BVerwG vom 13.3.1995 [NVwZ 1995, S. 905 (907 unter 2)]: Hiernach ist eine Gemeinde mit der Berufung auf ihre Planungshoheit ausgeschlossen, weil sie ausdrücklich nur "als betroffener Grundstückseigentümer" Einwendungen erhoben hat. Der so vorgetragene Sachverhalt ließ nicht erkennen, daß auch die Rechtsposition Planungshoheit als gefährdet angesehen werden sollte.

13 BVerwG v. 17.7.1980, E 60, 297 (301).

14 Ähnlich *Ortloff*, in: Schoch/Schmidt-Aßmann/Pietzner, VwGO, § 87b Rn. 4. Möglicherweise a.A. insoweit BVerfG v. 8.7.1982, E 61, 82 (111): Die Verwaltungsgerichte seien im Falle der materiellen Präklusion nicht gehindert, umfassend tatsächlich und rechtlich nachzuprüfen, ob ein Sachverhalt unter den Tatbestand der Vorschrift fällt und welche Rechtsfolgen sich daran anknüpfen; dazu *Nierhaus*, Beweismaß (Fn. 3), S. 322 f.

Mit der bisherigen Rspr. schwierig zu vereinbaren ist in diesem Zusammenhang die Wendung in BVerwG v. 24.5.1996, NVwZ 1997, 489 (491 unter 1.1.4. - obiter dic-

2. Die Dialogstruktur des Einwendungsverfahrens

Gegen eine solche Deutung scheint allerdings zu sprechen, daß ein potentieller Kläger nicht den gesamten Sachverhalt vortragen muß, um seiner Einwendungslast zu genügen, sondern nur ihn betreffende Sachverhaltsausschnitte; zudem kann die einmal hinreichend substantiiert erhobene Einwendung auch später noch präzisiert und begründet werden. Würde dagegen der gesamte im Verwaltungsverfahren nicht vorgetragene Sachverhalt vor Gericht unberücksichtigt bleiben müssen, läge ein Abwehranspruch kaum jemals vor. Ein solcher Einwand ließe jedoch außer acht, daß das Verhältnis zwischen Einwender und Behörde im Verwaltungsverfahren *dialogisch* strukturiert ist: Der erste Schritt obliegt hierbei der Behörde, die durch Auslegung der Antragsunterlagen und Aufforderung zur Einwendung bereits den Rahmen schafft, in dem sich die Einwendungen des Klägers bewegen müssen, und den diese als bekannt voraussetzen können. Für den Kläger muß durch die ausgelegten Unterlagen *Veranlassung*[15] zum Vortrag bestehen. Sein Tatsachenvortrag bezieht sich hierauf und muß dann ausreichen, der Behörde *im Rahmen ihrer Amtsermittlungspflicht* hinreichenden Anlaß zur Auseinandersetzung mit den Einwendungen zu geben[16]. Der gesamte Sachverhalt, wie er sich als Folge der hierdurch zumindest potentiell angestoßenen Ermittlungen und Erwägungen darstellt, zählt zum Entscheidungsmaterial des Gerichts. Der der gerichtlichen Entscheidung zugrundeliegende Sachverhalt wird also normativ konturiert.

Um nochmals zusammenzufassen: Der Einwendungsausschluß, wie ihn die Vorschriften über die materielle Präklusion anordnen, führt im Prozeß zu

tum): Danach sei die Rechtmäßigkeit trotz materieller Präklusion jedenfalls insoweit zu prüfen, als nur die eigene Begründung des Beschlusses zugrunde gelegt werde: Es stehe lediglich eine konkrete Rechtsfrage in Streit. Hier solle sich der Bürger die Möglichkeit der späteren gerichtlichen Klärung bewahren können: "§ 17 Abs. 4 S. 1 FStrG verlangt nicht, daß sich die Einwendung auf Tatsachen zu beziehen hat." Die Bedeutung dieser Aussage erschließt sich erst im Zusammenhang mit der komplizierten Struktur der materiellen Präklusion bei Einwendungen eines Eigentümers im Planfeststellungsverfahren, dazu s. unten IV 2 b). Krit. *Solveen*, DVBl. 1997, S. 808 ff.

[15] BVerwG v. 9.8.1994, E 96, 258 (263).

[16] Anklänge hieran z.B. bei *Niehues*, in: Berkemann u.a. (Hrsg.), Planung und Plankontrolle, Festschrift für O. Schlichter, 1995, S. 619 (626 f.); BVerwG v. 12.2.1996, NVwZ 1997, S. 171 (172 unter II 2): "Eine Einwendung im Sinne des § 17 Abs. 4 Satz 1 FStrG muß erkennen lassen, in welcher Hinsicht Bedenken gegen die in Aussicht genommene Planfeststellung - aus der Sicht des Einwendenden - bestehen könnten. Das Vorbringen muß so konkret sein, daß die Planfeststellungsbehörde erkennen kann, in welcher Weise sie bestimmte Belange einer näheren Betrachtung unterziehen soll."

einer *Einschränkung der Kontrolle der Verwaltungsentscheidung in tatsächlicher Hinsicht*: Bei der Überprüfung des Abwehranspruchs darf der Richter im Verhältnis zwischen Einwender und Behörde nur den nicht präkludierten Sachverhalt zugrunde legen[17]. Mit diesem Grundkonzept läßt sich im folgenden zunächst nach der systematischen Verankerung der materiellen Präklusion (II) und den Voraussetzungen des Einwendungsausschlusses fragen (III), bevor der Gegenstand der Einwendungen genauer erarbeitet werden soll. Hierbei ist nach Verfahrenstypen, also planerischen und gebundenen Entscheidungen zu differenzieren (unter IV). So lassen sich die Folgen beschreiben, die der Ausschluß der Einwendungen für das Verwaltungsverfahren und das Gerichtsverfahren nach sich zieht (V). Außerdem soll dargelegt werden, welche Bedeutung dem Einwendungsausschluß für die verschiedenen Abwehr- und Folgeansprüche im Rahmen des Verwaltungsverfahrens zukommt (VI).

II. Das Fundament der materiellen Präklusion

1. Präklusion kein Ausdruck des Verwirkungsgedankens

Gemeinhin wird die Präklusion als Ausdruck des Verwirkungsgedankens aufgefaßt[18]. Sie sei als Mitwirkungslast Kehrseite eines Mitwirkungsrechtes: Habe jemand im Verwaltungsverfahren auf ein Verfahrensergebnis nicht Einfluß genommen, obwohl er die Möglichkeit dazu gehabt hätte, könne er das Ergebnis nicht mehr nachträglich in Frage stellen[19]. Die gesetzliche Auferle-

---

[17] Damit dürfte sich auch die Frage beantworten lassen, ob der Eintritt der materiellen Präklusion zur Unzulässigkeit oder Unbegründetheit einer Klage führt: Beides ist möglich, bei den von der Präklusion betroffenen Tatsachen handelt es sich um sog. doppeltrelevante Tatsachen, so daß bei evidenter Präklusion unter Umständen "offensichtlich und eindeutig nach keiner Betrachtungsweise die vom Kläger geltend gemachten Rechte bestehen oder ihm zustehen können"; so auch *Degenhart*, FS Menger (Fn. 2), S. 637 f. Das BVerwG (v. 24.5.1996, NVwZ 1997, S. 489 ff.) prüft die Frage in der Begründetheit.

[18] BVerwG v. 17.7.1980, E 60, 297 (306) im Anschluß an *Sellner*, BauR 1980, S. 391 (397) und *Redeker*, NJW 1980, S. 1593 (1597 f.); auch *J. Ipsen*, DVBl. 1980, S. 146 (152); *U. Berger*, Grundfragen (Fn. 3), S. 226; *Degenhart*, FS Menger (Fn. 2), S. 630; *Nierhaus*, Beweismaß, S. 320; *Badura*, in: Erichsen (Hrsg.), Allgemeines Verwaltungsrecht, 10. Aufl. 1995, § 38 Rn. 27; *Kloepfer*, Umweltrecht, 1989, § 4 Rn. 73; *Bender/Sparwasser/Engel*, Umweltrecht, 3. Aufl. 1995, § 6 Rn. 188; *Schulze-Fielitz*, in: Dreier (Hrsg.), Grundgesetz-Kommentar, Bd. 1, 1996, Art. 19 IV Rn. 76. Im Ergebnis wie hier *C. Metz*, Zulässigkeit und Grenzen formeller und materieller Präklusion, 1983, S. 107 ff.; *Milger*, Präklusion (Fn. 2), S. 181 f.

[19] BVerwG v. 17.7.1980, E 60, 297 (306). Diese Anknüpfung an den Verwirkungsgedanken mag im übrigen auch ein Grund für das unzutreffende Verständnis der materiellen Präklusion als Verlust des subjektiven Rechts sein, so *Redeker*, NJW

gung einer Einwendungslast mit der Folge des Einwendungsausschlusses hat jedoch nur entfernt Ähnlichkeit mit der Verwirkung eines Rechts: Ein Recht kann durch Verwirkung untergehen, wenn der Inhaber hiervon über einen längeren Zeitraum keinen Gebrauch macht und besondere Umstände die verspätete Geltendmachung als Verstoß gegen Treu und Glauben erscheinen lassen, insbesondere weil der Inhaber bei demjenigen, gegen den sich das Recht richtet, den Eindruck erweckt hat, er werde sein Recht nicht mehr ausüben[20]. Die Verwirkung stellt damit einen typischen Fall der unzulässigen Rechtsausübung wegen widersprüchlichen Verhaltens[21] dar.

Auf die Beteiligung *im Verwaltungsverfahren* angewandt würde dieser Gedanke zunächst jedenfalls nur zum Verlust eben des Mitwirkungsrechtes im Verwaltungsverfahren, also höchstens zu einer formellen Präklusion führen. Einen Ausschluß der Einwendungen *im Prozeß* trüge der Verwirkungsgedanke dagegen nur, wenn man die Nichtbeteiligung im Verwaltungsverfahren auch als Verwirkung des zugrundeliegenden materiellen Rechts verstünde. Weil es dem Rechtsinhaber jedoch grundsätzlich freisteht, welche Verwirklichungsmöglichkeit er wählt, ob er also sein Recht erst im Prozeß wahrnimmt, kann die Nichtbeteiligung im Verwaltungsverfahren nicht ohne weiteres von Dritten als Absehen von der Geltendmachung des Rechts verstanden werden. In einer Klage trotz Nichtbeteiligung innerhalb einer kurzen Einwendungsfrist liegt also kein Selbstwiderspruch, wie es für eine Verwirkung erforderlich wäre. Der Einwendungsausschluß tritt eben nur dort ein, wo er als Sanktion einer fristgebundenen Mitwirkungslast gesetzlich ausdrücklich angeordnet ist; es existieren gleichartige Mitwirkungsrechte, denen keine materielle Präklusion folgt (z.B. § 73 Abs. 4 VwVfG a.F.). Er ist somit nicht Folge der nicht wahrgenommenen Mitwirkungsmöglichkeit, die letztere ist lediglich Voraussetzung einer möglichen Rechtfertigung für seine gesetzliche Anordnung. So wird auch im Zivilrecht die Verwirkung deutlich von anderen rechtsver-

1980, S. 1593 (1598). Vorausgesetzt, dies wäre Folge der Verwirkung; anderes (Hemmung) nimmt an: *Roth*, in: Münchener Kommentar z. BGB, Bd. 2, 3. Aufl. 1994, § 242 Rn. 374.

20 BVerwG v. 7.2.1974, E 44, 339 (343); BGH v. 20.10.1988, Z 105, 290 (298); *Stelkens*, in: Stelkens/Bonk/Sachs, VwVfG, § 53 Rn. 10; *Larenz*, Allgemeiner Teil des deutschen Bürgerlichen Rechts, 7. Aufl. 1989, S. 235 ff.

21 BVerwG v. 7.2.1974, E 44, 339 (343); *Forsthoff*, Verwaltungsrecht I, 10. Aufl. 1973, S. 172; *Roth*, in: MünchKomm z. BGB, § 242 Rn. 360. Für die Präklusion *J. Ipsen*, DVBl. 1980, S. 146 (152).

nichtenden oder -hemmenden Instituten wie Verjährung und Ausschlußfristen getrennt[22].

2. Kooperative Sachverhaltsermittlung

Richtigerweise ist die Rechtsfigur der materiellen Präklusion in den Zusammenhang der kooperativen Sachverhaltsermittlung einzuordnen. Als Ausgangspunkt der Beschäftigung mit Kooperationsstrukturen im Verwaltungsrecht ist vielfältig beschrieben worden, daß die Verwaltung ihrer Sachaufklärungspflicht nur begrenzt nachkommen kann: Die bessere Sachkenntnis des Betroffenen in seiner eigenen Sphäre, die zunehmende Komplexität und Uneindeutigkeit von Entscheidungen, wie nicht zuletzt die Grenzen der Ermittlungs-, aber auch Verfahrenskapazität[23] bei Verwaltung und Gerichten führen dazu, daß diese zur Durchführung des Verfahrens und hier insbesondere zur Erfüllung ihrer Sachaufklärungspflicht auf die Mitwirkung der Beteiligten[24] angewiesen sind. Für das Risikorecht hat *di Fabio* dargelegt, in welchem Maße die Verwaltung wegen der Komplexität und Uneindeutigkeit von Risikoentscheidungen mit einer eigenen intensiven Kontrolle überfordert ist. Die Aufgabe der Risikoermittlung werde daher maßgeblich auf den Antragsteller oder Anmelder übertragen. Im Grunde müsse "von einer Umkehrung der Pflicht zur Sachverhaltsermittlung ausgegangen werden"[25]. Im Rahmen des Besteuerungsverfahrens ist die Finanzbehörde weitgehend auf Informationen durch den Steuerpflichtigen angewiesen[26], dem daher § 90 AO eine Mitwirkungspflicht auferlegt. Ebenfalls in diesen Zusammenhang gehört die Verschiebung der Verfahrensverantwortung im Rahmen der Umweltverträglich-

---

[22] *Heinrichs*, in: Palandt, BGB, 56. Aufl. 1997, § 242 Rn. 90; *Roth*, in: MünchKomm z. BGB, § 242 Rn. 379 u. 381. U.E. dürfte es das Institut der Verwirkung generell überfordern, in ihm eine Grundlage prozessualer Fristen zu erblicken. Wie hier für die Frist des § 58 Abs. 2 VwGO *Menger*, VerwArch 66 (1975), S. 85 (89).

[23] Zu diesem Gesichtspunkt im Zusammenhang der materiellen Präklusion BVerfG v. 8.7.1982, E 61, 82 (116 unter cc).

[24] Zum allgemeinen Verfahrensrecht *Stelkens*, in: Stelkens/Bonk/Sachs, VwVfG, § 24 Rn. 17. Dem korrespondiert die grundrechtliche Bedeutung der Verfahrensbeteiligung, vgl. insbesondere BVerfG v. 20.12.1979, E 53, 30 (69 ff., 77 - Sondervotum *Simon/Heußner*).

[25] *di Fabio*, Risikoentscheidungen im Rechtsstaat, 1994, S. 457.

[26] *Tipke/Kruse*, Abgabenordnung (Lsbl., Stand 1996), § 90 Rn. 1; *Osterloh*, Gesetzesbindung und Typisierungsspielräume, 1992, S. 288 f.

keitsprüfung[27]. Das Sozialrecht reagiert auf diese Lage mit dem besonderen Ausschlußtatbestand des § 66 SGB-AT, nach dem als Folge fehlender Mitwirkung zur Sachverhaltsaufklärung Leistungen ganz oder teilweise versagt werden können.

Die materielle Präklusion knüpft an diesen Befund an. Ihr geht es - insofern anders als in den obigen Beispielsfällen - um die Einbeziehung der Drittbetroffenen in das Verwaltungsverfahren, die kein eigenes Interesse am Zustandekommen der Entscheidung haben und daher zu einer Beteiligung nicht von vornherein motiviert sind. Effektiv sicherstellen läßt sich diese daher nur durch die Sanktionierung mit einem Einwendungsausschluß[28]. Daß es der materiellen Präklusion um die Förderung der Beteiligung im Sinne einer kooperativen Sachverhaltsermittlung[29] geht, klingt bereits in der Sasbach-Entscheidung des BVerfG[30] an und ist wiederkehrendes Thema in der Rechtsprechung des Bundesverwaltungsgerichts[31]. Im Urteil vom 24.5.1996[32] wird die Erörterung erhobener Einwendungen ausdrücklich einem "kooperativen Verständnis der Konfliktbewältigung" zugeordnet. Die Konzentration der Sachverhaltsermittlung garantiert, daß die Konfliktbewältigung im hierzu geeigneten Verwaltungsverfahren vorgenommen werden kann. Auf diese Weise sorgt die materielle Präklusion für eine funktionsorientierte Abstimmung der beiden Ebenen Verwaltungsverfahren und Rechtsschutz[33]; die Ver-

---

27 Dazu *Schmidt-Aßmann*, in: Hailbronner u.a. (Hrsg.), Staat und Völkerrechtsordnung, Festschrift für K. Doehring, 1989, S. 889 (893 ff.); *J.-P. Schneider*, Nachvollziehende Amtsermittlung bei der Umweltverträglichkeitsprüfung, 1991, S. 126 ff.; *ders.*, VerwArch 87 (1996), S. 38 (40); *Wahl*, in: Kroeschell (Hrsg.), Recht und Verfahren, Symposion der rechtswissenschaftlichen Fakultäten der Albert-Ludwigs-Universität Freiburg und der Städtischen Universität Osaka, 1993, S. 155 (173 ff.).

28 BVerfG v. 8.7.1982, E 61, 82 (114); *Milger*, Präklusion (Fn. 2), S. 152 f.; zweifelnd *Wolfrum*, DÖV 1979, S. 497 (501 f.).

29 Es sind aber die faktischen und rechtlichen Grenzen der Sachaufklärungsmöglichkeiten der Behörde, nicht etwa eine Gleichordnung der Verfahrenspositionen [so wohl *Pitschas*, Verwaltungsverantwortung und Verwaltungsverfahren, 1990, S. 709], die die Rechtfertigung für eine Mitwirkungspflicht der Beteiligten bieten.

30 BVerfG v. 8.7.1982, E 61, 82 (114 f. unter aa), dazu eingehend unten.

31 Vgl. BVerwG v. 30.01.1995, Buchholz 406.25 § 10 BImSchG Nr. 3: "Auch für das immissionsschutzrechtliche Genehmigungsverfahren trifft zu, daß nach dem Sinn und Zweck der gesetzlichen Regelung das Vorbringen von Einwendungen zur sachlichen Bewältigung des Vorhabens durch die Genehmigungsbehörde beitragen und dieser die Richtung für ihre Tätigkeit weisen soll; darin liegt der rechtfertigende Grund für die Beteiligung des Einwendungsführers am weiteren Verfahren."

32 BVerwG v. 24.5.1996, NVwZ 1997, S. 489 (490 l. Sp.).

33 Dazu unten Teil C II 2.

fahrenskapazität der Behörde wird geschont, indem sie vor einer Wiederholung des Verfahrens nach einer Aufhebung der Entscheidung aufgrund im Verwaltungsverfahren verschwiegenen Sachverhalts bewahrt wird[34].

Da auf diese Weise der Kreis möglicher Kläger eingegrenzt wird, wurde ein Ziel der materiellen Präklusion auch darin gesehen, die Bestandskraft der erteilten Genehmigung zu stärken[35]. Die Sicherung der Bestandskraft ist jedoch vorrangig Aufgabe der Anfechtungsfristen. Die besondere Betonung, die die ältere Rspr. auf die Filterwirkung der Präklusion gegenüber möglichen Klagen gelegt hat[36], mag daher rühren, daß Betroffenen, die keine Einwendungen erhoben hatten, die Genehmigungsbescheide nicht, auch nicht durch öffentliche Bekanntmachung, zugestellt werden konnten, Anfechtungsfristen also nicht liefen. Die einschlägigen Vorschriften enthalten jedoch mittlerweile eine Zustellungsfiktion[37], so daß es der Präklusion zum Schutze der Bestandskraft der Anlagenzulassung oder Planfeststellung nicht mehr bedarf. Der (Haupt-)Zweck der Präklusion: Konzentration der Sachverhaltsermittlung durch Kooperationszwang, tritt so noch deutlicher hervor. Ist die kooperative Sachverhaltsermittlung Grundlage der Präklusion, gewinnen ihre Grenzen deutlichere Konturen: Sind von dem Einzelnen konstruktive Beiträge zur Sachverhaltsermittlung nicht zu erwarten, weil es nicht um Sach-, sondern um Rechtsfragen geht, oder aber die Sachfragen von seinen Erkenntnismöglichkeiten entfernt liegen, wird die Erstreckung des Einwendungsausschlusses auf solche Fälle problematisch[38].

Gleichzeitig bietet der Einwendungsausschluß dem Antragsteller/Vorhabenträger zu einem früheren Zeitpunkt eine gewisse Planungs- und Investitionssicherheit, wenn bereits zum Ende der Einwendungsfrist absehbar ist, auf welcher Tatsachengrundlage die Behörde entscheiden wird und welches Tatsachenvorbringen für eine spätere Klage in Betracht kommt. Im Vergleich mit

---

[34] Daß sich neben diesem u.E. zumindest plausiblen Konzept einer Funktionssicherung des Verwaltungsverfahrens die in den neuen § 45 BVwVfG und § 87 Abs. 1 S. 2 Nr. 7, § 94 S. 2, § 114 VwGO aufscheinende Entwertung des Verfahrens merkwürdig ausnimmt, sei an dieser Stelle angemerkt.

[35] BVerwG v. 17.7.1980, E 60, 297 (304).

[36] So auch *U. Berger*, Grundfragen (Fn. 3), S. 223 f. Kritisch zur Anordnung der Präklusion aus diesem Grunde *Pietzcker*, VVDStRL 41 (1983), S. 193 (205 f.).

[37] § 17 Abs. 2 S. 4 AtVfV i.d.F. v. 3.2.1995 (BGBl. I 180; in der Fassung von 1982 bereits enthalten); § 10 Abs. 8 S. 5 1. HS BImSchG [geänd. durch Art. 8 G v. 22.4.1993 (BGBl. I 466, 484)] und § 74 Abs. 5 S. 3 VwVfG.

[38] Dazu im einzelnen unten IV 1 b, IV 2.

der Rechtssicherheit, die mit der Bestandskraft der erteilten Genehmigung eintritt, ist diese Planungssicherheit aber nur eine *relative*, weil die Festlegung des Sachverhalts nur mit den Einschränkungen gilt, die sich aus der Anstoßwirkung der öffentlichen Auslegung in sachlicher und zeitlicher Hinsicht ergeben[39]. Diese Funktion, frühzeitig relative Planungssicherheit für den Vorhabenträger/Antragsteller zu gewährleisten, bleibt an den Hauptzweck kooperativer Sachverhaltsermittlung angebunden. Ein Instrument zur Immunisierung bestimmter Vorhaben gegen Drittklagen ist die materielle Präklusion nicht.

III. Entstehen der Einwendungslast

Die Einwendungslast entsteht in den gesetzlich vorgeschriebenen Fällen nur, insoweit der Betroffene von dem Vorhaben in Kenntnis gesetzt (1) und ihm die Möglichkeit zur Einsicht in die vorgeschriebenen Unterlagen (2) gegeben wurde. Sie entfällt nicht durch anderweitige Information der Behörde von seinen Einwendungen (3). Erreicht den Betroffenen die Anstoßwirkung der Bekanntmachung ohne sein Verschulden nicht, kann ihm ein Recht auf Wiedereinsetzung zustehen (4).

1. Bekanntgabe

Erste Voraussetzung zur Entstehung der Einwendungslast ist eine Bekanntgabe des Vorhabens, die die erforderliche "Anstoßwirkung"[40] bei den Betroffenen hervorruft: Diese werden ermuntert, sich für das Vorhaben zu interessieren und nach Bedarf hieran als Einwender mitzuwirken. Für planfeststellungsbedürftige Vorhaben sieht § 73 Abs. 5 BVwVfG eine ortsübliche Bekanntmachung und die Benachrichtigung nicht ortsansässiger Betroffener[41] über die Auslegung des Plans vor. Hiermit müssen Hinweise insbesondere auf

---

[39] Zu den Einschränkungen in sachlicher Hinsicht vgl. oben I 2 sowie unten III 2; in zeitlicher Hinsicht V 3.

[40] BVerwG v. 16.8.1995, NVwZ 1996, S. 267 (268). Vgl. zu dem Begriff BVerwG v. 26.5.1978, E 55, 369 (375 ff.); v. 6.7.1984, E 69, 344 (345 ff. - Aufstellung eines B-Plans.). In der LBO BW wird der Angrenzer vom Bauantrag benachrichtigt, § 55 Abs. 1 S. 1 LBO.

[41] Kritisch *Solveen*, DVBl. 1997, S. 803 (805 ff.), der eine individuelle Benachrichtigung Enteignungsbetroffener fordert. Nach § 3 VerkPlBG nur der Behörde bekannte nicht ortsansässige Betroffene. Ob der Verweis in den Fachplanungsgesetzen auf das VwVfG auch die gesonderte Bekanntmachung umfaßt, ist nicht eindeutig.

den drohenden Einwendungsausschluß verbunden werden, § 73 Abs. 5 S. 2, § 73 Abs. 4 S. 4 BVwVfG. Im Rahmen der Anlagenzulassung genügt die Bekanntmachung im amtlichen Veröffentlichungsblatt der Behörde und außerdem in örtlichen Tageszeitungen, § 10 Abs. 3 BImSchG. Weitergehende Hinweise sind nicht erforderlich. Dem potentiellen Einwender ist es zumutbar, sich um derartige amtliche Bekanntmachungen an seinem Wohnsitz zu kümmern[42].

2. Informationsmöglichkeit

Voraussetzung der Einwendungslast ist weiterhin, daß dem durch die Bekanntgabe "angestoßenen" Betroffenen die Möglichkeit offensteht, sich über eventuelle Auswirkungen des Vorhabens zu informieren. Zu diesem Zweck schreiben die einzelnen Gesetze eine Auslegung aussagekräftiger Unterlagen über das geplante Vorhaben[43] bzw. eine Auslegung des Plans[44] zur Einsicht bzw. Einsichtgewährung vor[45]. Akteneinsicht wird nach pflichtgemäßem Ermessen gewährt[46]. Die Einwendungslast kann nur insoweit entstehen, als Informationen auch in den ausgelegten Unterlagen enthalten sind, und ein nicht sachkundiger Bürger aus den ausgelegten Unterlagen die Auswirkungen des Vorhabens beurteilen kann, ohne hierfür sachverständigen Rat einholen zu müssen[47]. Erwägen läßt sich allerdings, für die Einwendungslast auch nach der Person des Einwenders zu differenzieren. So dürften die Erkenntnismöglichkeiten von Einzelpersonen typischerweise geringer sein als die von Organisationen und insbesondere in den Verfahren auch im anderen Zusammenhang beteiligten öffentlich-rechtlichen Organisationseinheiten, vor

---

[42] BVerwG v. 16.8.1995, NVwZ 1996, S. 267 (268).

[43] § 6 Abs. 1 AtVfV, § 19 Abs. 1 9. BImSchV, danach jeweils auch Unterlagen zur UVP.

[44] § 73 Abs. 1 S. 2, § 73 Abs. 3 BVwVfG.

[45] Über ein Einsichtsrecht des Angrenzers im Baugenehmigungsverfahren verhält sich die LBO BW nicht. Es wird sich daher aus § 29, § 13 Abs. 1 Nr. 4 LVwVfG ergeben.

[46] § 6 Abs. 4 S. 1 AtVfV, § 10a 9. BImSchV, § 72 Abs. 1 S. 2 VwVfG.

[47] BVerfG v. 8.7.1982, E 61, 82 (116; anders allerdings a.a.O., S. 118, für anwaltliche Beratung in bezug auf die Rechtswirkungen der Präklusion). Möglicherweise läßt sich BVerwG v. 24.5.1996, NVwZ 1997, S. 489 (490 l. Sp.) eine andere Tendenz entnehmen, wenn es dort heißt, der Gesetzgeber werde seiner rechtsstaatlichen Verpflichtung gerecht, wenn er es Betroffenen innerhalb eines angemessenen Zeitrahmens ermöglicht, sich für die zu erhebenden Einwendungen auch sachkundiger Hilfe zu versichern.

allem Gemeinden. An letztere wird man also höhere Anforderungen in bezug auf die Substantiierungslast stellen dürfen.

3. Einschränkungen?

Von der Einwendungslast befreit den Betroffenen nicht, daß die Behörde die entsprechenden Kenntnisse auf andere Weise erworben hat[48], insbesondere durch Einwendungen Dritter[49], oder daß diese aus anderen Gründen gehalten ist, auf den Betroffenen Rücksicht zu nehmen[50]. Ebensowenig schützt eine in der Rolle als Träger öffentlicher Belange abgegebene Stellungnahme vor einem Einwendungsausschluß[51]. Schließlich wird der Ausschluß auch nicht dadurch wieder beseitigt, daß die Behörde, wozu sie objektiv verpflichtet sein kann, eine verfristete Einwendung noch sachlich prüft[52]. Ein Anspruch auf ermessensfehlerfreie Entscheidung über die Zurückweisung als verspätet würde die Präklusion als Instrument zur Schonung der behördlichen Verfahrenskapazitäten entwerten[53]; das gilt auch, wenn man diesen Anspruch nur für solche Fälle zubilligte, in denen die Einwendungen offensichtlich nicht dazu führen könnten, das Genehmigungsverfahren zu verzögern[54].

---

48 BVerwG v. 11.12.1981, NVwZ 1982, S. 433 (Einwendung aus anderem Verfahren); OVG Münster v. 27.4.1992, NVwZ 1993, S. 385; BVerwG v. 16.8.1995, NVwZ 1996, S. 267 (269) für Befassung im Raumordnungsverfahren.

49 Dazu BVerfG (Vorprüfungsausschuß) v. 6.10.1982, NVwZ 1983, 27. Daß sich eine Gemeinde auf eine Einwendung ihrer Eigengesellschaft soll berufen können, wie es das OVG Lüneburg [v. 5.2.1981, UPR 1982, S. 92 (93)] annimmt, ist abzulehnen; *Milger*, Präklusion (Fn. 2), S. 232 ff.

50 BVerwG v. 22.2.1995, NVwZ 1995, S. 903: Ihm gegenüber bestehende Rücksichtnahmepflicht gem. § 124 Abs. 1 S. 1 BBergG entbindet Bergbautreibenden nicht von der Einwendungslast.

51 BVerwG v. 18.9.1995, NVwZ 1996, S. 399 (privatrechtlich organisiertes Wasserwerk); v. 27.12.1995, NVwZ 1996, S. 895; v. 9.2.1996, NVwZ 1996, S. 1021 (1022); v. 12.2.1997, DVBl. 1997, S. 725 - jew. Gemeinde.

52 Vgl. BVerwG v. 17.7.1980, E 60, 297 (314); v. 11.12.1981, NVwZ 1982, S. 433; v. 18.9.1995, NVwZ 1996, S. 399 (400); v. 27.12.1995, NVwZ 1996, S. 895.

53 So allerdings *P. Köppl*, Die Ausschlußfristen im öffentlichen Recht, 1970, S. 132; *Niehues*, FS Schlichter (Fn. 16), S. 619 (631); wie hier *U. Graffe*, Die Beteiligung des Bürgers an umweltschutzrechtlich relevanten Verfahren, 1980, S. 88; *U. Haupt*, Ausschlußfristen in Einwendungsverfahren des öffentlichen Rechts, 1988, S. 165. Anders verhält es sich im Falle einer nur formellen Präklusion, *Stelkens*, in: Stelkens/Bonk/Sachs, VwVfG, § 73 Rn. 51.

54 Hiergegen bestehen nach BVerfG v. 8.7.1982, E 61, 82 (117) keine verfassungsrechtlichen Bedenken.

4. Wiedereinsetzung

Ist die Einwendungslast wirksam begründet, war aber ein Betroffener ohne Verschulden verhindert, die Einwendungsfrist einzuhalten, ist an eine Wiedereinsetzung in den vorigen Stand gem. § 32 VwVfG zu denken[55]. Eine solche Wiedereinsetzung kommt allerdings nur bis zum Abschluß des Genehmigungs- bzw. Planungsverfahrens in Betracht[56]. Wird das Hindernis erst nach Abschluß des Verfahrens beseitigt, bleibt es dabei, daß die Präklusion nicht eingreift[57].

IV. Der Gegenstand des Einwendungsausschlusses im einzelnen

Die Verfahrensregelungen über den Einwendungsausschluß benennen ihren Gegenstand mit "Einwendungen". Die Rechtsprechung umschreibt den Begriff der "Einwendungen" mit einer Arbeitsformel als "sachliches Gegenvorbringen", das sich "bei Drittbetroffenen auf eine befürchtete Gefährdung von Rechtsgütern beziehen" muß[58]. Schon diese Formel bestätigt, daß es um anspruchsausfüllenden *Tatsachenvortrag* geht. Der Betroffene muß diesen Tatsachenvortrag in Bezug zu konkreten, ihm zustehenden Rechtsgütern setzen. Dagegen muß er nicht darlegen, nach welchen *Rechtsvorschriften* der angegriffene Verwaltungsakt rechtswidrig ist; dies wäre mit der auch vom BVerwG betonten Maxime unvereinbar, daß der Betroffene nur das einwenden muß, was er als durchschnittlicher Laie erkennen kann[59]. Aus dem Blickwinkel der materiellen Präklusion geht es nunmehr um die Frage, wie der anspruchsausfüllende Tatsachenvortrag im einzelnen gestaltet sein muß, um die Ausschlußwirkung im Prozeß zu vermeiden. Dies führt zu komplexen Erwägungen auf dem Schnittpunkt zwischen materiellem, Verfahrens- und Prozeßrecht: Als anspruchsausfüllender Tatsachenvortrag ist die Einwendung durch die *Voraussetzungen des Abwehranspruchs* bestimmt. Diese divergieren je nach Verfahrenstyp zwischen gebundenen Entscheidungen, wobei hier noch

---

55 *Degenhart*, FS Menger (Fn. 2), S. 635; std. Rspr., z.B. BVerwG v. 18.9.1995, NVwZ 1996, S. 399 (400).

56 BVerwG v. 17.7.1980, E 60, 297 (309); v. 6.8.1982, E 66, 99 (105, 111).

57 BVerwG v. 17.7.1980, E 60, 297 (309).

58 Vgl. nur BVerwG v. 17.7.1980, E 60, 297 (2. Leitsatz, ferner S. 300, 311).

59 BVerfG v. 8.7.1982, E 61, 82 (118); dagegen wird die zunehmend restriktive Linie der Rechtsprechung in BVerwG 24.5.1996, NVwZ 1997, S. 489 (490 l. Sp.), deutlich, das erstmals die Möglichkeit sachkundiger Hilfe zur Erfüllung der Substantiierungslast andeutet (s. auch oben Fn. 47).

zwischen der großräumigen Anlagenzulassung (1) und der kleinräumigen Entscheidung, insbesondere der Baugenehmigung (3) unterschieden werden kann, und Planungsentscheidungen (2).

1. Komplexe Genehmigungsentscheidungen

Die Genehmigungsentscheidungen in den Anlagenzulassungsverfahren des Immissionsschutz- und Gentechnikrechts, weitgehend auch die des Atomrechts, sind als gebundene Entscheidungen ausgestaltet, die grundsätzlich einer vollen gerichtlichen Kontrolle unterliegen. Der Betroffene muß einen Verstoß gegen eine drittschützende Norm geltend machen können, um mit der Anfechtungsklage gegen die Genehmigung erfolgreich zu sein[60].

a) Materielle Rechtspositionen

Abwehransprüche können vor allem aus *Eigentum* resultieren, das sich im Einwirkungsbereich der Anlage befindet, und aus dem Schutz der *Gesundheit*. Konkret bedarf es einer drittschützenden Norm, die die so bezeichnete Rechtsposition rechtlich ausgestaltet und dem Nachbarn einen Genehmigungsabwehranspruch einräumt[61]. Zum anspruchsausfüllenden Tatsachenvortrag gehören dann sowohl die Darstellung des eigenen betroffenen Rechtsguts wie die der Art und Weise seiner Beeinträchtigung. Auch Einwendungen müssen in beiderlei Hinsicht konkretisiert werden. Diese Anforderungen nimmt die Rechtsprechung ernst. So muß jedes Grundstück eigens bezeichnet werden, auf dem der Einwender Beeinträchtigungen erwartet[62]. Bei Teilregelungen müssen Einwendungen im thematischen Zusammenhang mit der zu treffenden Entscheidung stehen[63]. Demgegenüber braucht der Kläger Tatsachen, die innerhalb der Erkenntnismöglichkeiten der Behörde liegen, wie z.B. konstruktive Details einer Anlage[64], nicht zu bezeichnen.

---

[60] *Jarass*, BImSchG, § 6 Rn. 36 ff.; *Wahl/Schütz*, in: Schoch/Schmidt-Aßmann/Pietzner, VwGO, § 42 Abs. 2 Rn. 150 ff.

[61] Detailliert dargestellt bei *Wahl/Schütz*, in: Schoch/Schmidt-Aßmann/Pietzner, VwGO, § 42 Abs. 2 Rn. 160 ff.

[62] OVG Münster v. 27.4.1992, NVwZ 1993, S. 385.

[63] OVG Koblenz v. 15.7.1993, NVwZ-RR 1994, S. 381 (382).

[64] So BVerwG v. 9.9.1988, E 80, 207 (221 f.).

b) Verfahrensrügen

Verstöße gegen Verfahrensrecht können in der Regel nur dann zu einem Abwehranspruch führen, wenn hinter diesen Rechten stehende materiellrechtliche Rechtspositionen verletzt sein können[65]. Allerdings erkennt die Rspr. gerade in den hier einschlägigen Gebieten des Atom- und Immissionsschutzrechts sog. "relative Verfahrensrechte"[66] an. Danach kann der Betroffene einen Abwehranspruch auf eine Verletzung des Verfahrensrechts stützen mit der Behauptung, er sei hierdurch in der Geltendmachung seiner materiellrechtlichen Rechtsposition gehindert worden[67], etwa, weil er die Auswirkungen des geplanten Vorhabens auf seine Rechtspositionen nicht beurteilen konnte.

Praktisch relevant wird diese Judikatur im wesentlichen nur bei Fehlern der Öffentlichkeitsbeteiligung[68]. Ob auch insoweit eine Einwendungslast zur Vermeidung der Präklusion besteht, ist differenziert zu beantworten: Nach bisher herrschender Ansicht sollen Fehler bei der Bekanntmachung der Öffentlichkeitsbeteiligung und bei der Auslegung schon den Lauf der Einwendungsfrist und damit den Eintritt der Präklusionsfolge hindern[69]. Dem scheint ein neueres Urteil des BVerwG zu widersprechen, nach dem ein Einwendungsführer, der wegen unzureichender Öffentlichkeitsbeteiligung die Auswirkungen der Anlage auf seine Rechtsgüter nicht beurteilen kann, gerade die fehlerhafte Öffentlichkeitsbeteiligung zur Vermeidung der Präklusion rü-

---

[65] BVerwG v. 9.8.1994, NVwZ 1995, S. 1002 (1003); BVerwG v. 25.1.1996, E 100, 238 (251 ff. m.N.); allgemein *Wahl/Schütz*, in: Schoch/Schmidt-Aßmann/ Pietzner, VwGO, § 42 Abs. 2 Rn. 72 ff.

[66] *Wahl/Schütz*, in: Schoch/Schmidt-Aßmann/Pietzner, VwGO, § 42 Abs. 2 Rn. 72.

[67] Nachweise bei *Wahl/Schütz*, in: Schoch/Schmidt-Aßmann/Pietzner, VwGO, § 42 Abs. 2 Rn. 79 Fn. 266.

[68] Zukünftig könnten allerdings auf Gemeinschaftsrecht basierende Verfahrensvorschriften, wie insbesondere die Umweltverträglichkeitsprüfung, eine weitere Komplikation bieten. Wenn nämlich, wie es Teile der Literatur annehmen, eine erweiterte Individualschutzkonzeption des EuGH die Anerkennung subjektiver Rechte aus Verfahrensnormen über die bisherige Schutznormtheorie hinaus erzwingen sollte, so wäre weiter zu fragen, ob auch Verstöße gegen solches *objektives* Verfahrensrecht fristgerecht geltend gemacht werden müssen; das BVerwG scheint hiervon auszugehen (BVerwG v. 19.12.1994, Buchh. 451.172 § 7 AtVfV Nr. 2; BVerwG v. 16.1.1995 Buchh. 451.172 § 7 AtVfV Nr. 3). Da sich diese Frage schon nach bisheriger Dogmatik für die Abwehrrechte des enteignungsbetroffenen Eigentümers in der Planfeststellung stellt, wird sie unten unter 2 b) aa) erörtert.

[69] *Jarass*, BImSchG, 3. Aufl. 1995, § 10 Rn. 76; *Sellner*, Immissionsschutzrecht und Industrieanlagen, 2. Aufl. 1988, Rn. 136, jeweils mit Nachw. aus der Rspr.

gen muß[70]. Eine nähere Analyse zeigt, daß dieses Urteil mit dem Grundgedanken kooperativ-dialogischer Sachverhaltsermittlung zu vereinbaren ist: Der Kläger rügte, daß die Darstellung des ausgelegten Sicherheitsberichts zu einer ganz bestimmten Thematik[71] unzulänglich war und er deshalb seine Bedenken hierzu nicht vortragen konnte. Da aber im Sicherheitsbericht diese Thematik durchaus angesprochen war, war der Kläger dazu *angestoßen*, auf den aus seiner Sicht gestörten weiteren Dialog mit der Behörde fristgemäß hinzuweisen. Aus dieser konkreten Fallgestaltung wird zugleich deutlich, daß die Entscheidung des BVerwG nicht generalisiert werden darf. Bei anderen Fehlern, die - wie etwa eine gänzlich unterbliebene oder nicht formgerechte Bekanntmachung - im Verantwortungsbereich der Behörde liegen, muß es bei der Regel bleiben, daß die Ausschlußfrist nicht zu laufen beginnt.

2. Planungsentscheidungen

Im Planfeststellungsrecht, das die Präklusionsvorschriften nunmehr in weitem Umfang erreicht haben, ist die Frage nach den Voraussetzungen des Abwehranspruchs komplizierter zu beantworten. Im Mittelpunkt der Überlegungen steht hier der von der enteignungsrechtlichen Vorwirkung eines Planfeststellungsbeschlusses betroffene Eigentümer. Dieser kann die Planung umfassend zur verwaltungsgerichtlichen Kontrolle stellen (unter b).

a) Drittbetroffene

Andere durch die Planfeststellung Betroffene können dagegen deren gerichtliche Überprüfung nur erreichen, soweit ihnen eine besondere Schutznorm zu Gebote steht. Hiermit können sie eine Überprüfung des Plans im Hinblick auf eine nachteilige Berührung ihrer eigenen Belange, nicht jedoch eine umfassende Planprüfung verlangen[72]. Für die materielle Präklusion treten hier im wesentlichen die gleichen Probleme auf wie bei den Nachbarn im Anlagenzulassungsrecht. In der Regel sind nur Schutzauflagen zu

---

70 BVerwG v. 9.8.1994, E 96, 258 (263). Entgegen *Hill* (Das fehlerhafte Verfahren und seine Folgen im Verwaltungsrecht, 1986, S. 447) dürfte der Gesetzeswortlaut in § 73 Abs. 4 S. 1 BVwVfG ("Einwendungen gegen den Plan") solche Verfahrensfehler durchaus erfassen können.

71 Konkret ging es um die mit dem Nebeneinander von Alt- und Neubetrieb verbundenen Wechselwirkungen.

72 BVerwG v. 14.2.1975, E 48, 56 (66); zur Kritik *Gerhardt*, in: Schoch/Schmidt-Aßmann/Pietzner, VwGO, § 113 Rn. 17 f.

erreichen[73]. Eine (teilweise) Planaufhebung kommt lediglich dann in Betracht, wenn das Fehlen einer Auflage ausnahmsweise von so großem Gewicht ist, daß die Ausgewogenheit der Planung insgesamt in Frage gestellt wird[74]. Verfahrensfehler können nur dann zu einem Planaufhebungsanspruch führen, wenn sie den Schutz des Dritten bezwecken[75], ferner muß die konkrete Möglichkeit bestehen, daß die Planungsbehörde ohne den Verfahrensfehler anders entschieden hätte[76]. Auf öffentliche Belange können sich andere Einwender dagegen nicht berufen[77].

In einer ähnlichen Rechtsstellung finden sich die Gemeinden: Ist ihr Eigentum vom Planfeststellungsbeschluß betroffen, können sie, die nicht Grundrechtsträger sind, sich anders als ein privater Eigentümer nicht auf eine objektiv-rechtliche Rechtswidrigkeit des Planfeststellungsbeschlusses berufen. Das ihnen einfach-rechtlich zustehende Eigentum geht lediglich als erheblicher Belang in die Abwägung ein[78].

Um ihre Belange gegen die Planung ins Feld führen zu können, müssen die Betroffenen ihre Rechtspositionen detailliert aufführen. So wird z. B. verlangt, jedes Grundstück, auf dessen Beeinträchtigung Einwendungen gestützt werden sollen, eigens zu bezeichnen[79]. Ist dagegen ein geplantes Vorhaben teilbar, z. B. in bestimmte Streckenabschnitte, führt eine nur teilweise Bezeichnung zum Einwendungsausschluß für die übrigen Teile[80]. Schließlich muß auch die Art der Beeinträchtigungen aufgeführt werden: Hat der Kläger z. B. nur Lärmbelästigungen eingewandt, wird er nicht mehr damit gehört,

---

[73] Nach *Gerhardt*, in: Schoch/Schmidt-Aßmann/Pietzner, VwGO, § 113 Rn. 18 soll das in allen Fällen gelten.

[74] BVerwG v. 18.4.1996, NVwZ 1996, S. 901 (905 m. N.): Klage von Mietern wegen unzulänglicher Lärmvorsorge.

[75] Insbesondere Fehler der Öffentlichkeitsbeteiligung, wohl auch Verstöße gegen Ausschluß- und Befangenheitsregeln; dagegen nicht ein Verstoß gegen Behördenbeteiligungen, nach bisheriger Rechtsprechung des BVerwG wohl auch nicht gegen die UVP [BVerwG v. 25.1.1996, E 100, 238 (251 ff.); v. 21.3.1996, E 100, 370 (376) - beide betreffen freilich einen Aufhebungsanspruch des enteignungsbetroffenen Eigentümers].

[76] BVerwG v. 30.5.1984, E 69, 256 (270); v. 5.12.1986, E 75, 214 (228); insbes. zur UVP BVerwG v. 23.2.1994, NVwZ 1994, S. 688 (689 f.), v. 13.3.1995, NVwZ 1995, S. 905 (907).

[77] BVerwG v. 25.1.1996, E 100, 238 (251 ff. m.N.).

[78] BVerwG v. 29.1.1991, E 87, 332 (391 f.); v. 27.3.1992, E 90, 96 (101 f.); v. 13.3.1995, NVwZ 1995, S. 905; v. 21.3.1996, E 100, 388 (391).

[79] BVerwG v. 13.3.1995, NVwZ-RR 1995, S. 631.

[80] BVerwG v. 13.3.1995, NVwZ 1995, S. 905 (906 unter 1.3.).

das geplante Vorhaben führe auch zu erhöhter Luftverschmutzung[81]. Auch Verfahrensfehler prüft das BVerwG "unter Berücksichtigung der zum Nachteil der ASt. eingetretenen Präklusion"[82]. Wie bei der Anlagengenehmigung können Drittbetroffene nur relative Verfahrensrechte geltend machen, also praktisch die bereits genannten Anhörungsverstöße. Ob sie Gegenstand der Einwendungslast sind, beurteilt sich damit nach den oben angestellten Erwägungen.

b) Enteignungsbetroffene

Wegen der enteignungsrechtlichen Vorwirkung des Planfeststellungsbeschlusses führt auf die Anfechtungsklage des Eigentümers hin grundsätzlich jeder Rechtsfehler zur Aufhebung des Planfeststellungsbeschlusses. Damit unterscheidet sich das gerichtliche Kontrollprogramm grundlegend von den Drittanfechtungssituationen des Anlagenzulassungsrechts, in denen bislang die materielle Präklusion Anwendung gefunden hatte; es erstreckt sich in weitem Maße auch auf Normen, die dem Eigentümer nicht unmittelbar subjektive Rechte gewähren. Hierzu zählt namentlich das Verfahrensrecht, aber auch sonstiges objektives Recht, schließlich auch die Berücksichtigung öffentlicher Belange in der Abwägung. Da dieses Normmaterial zumeist den Eigentümer und seine spezielle Situation nicht im Blick haben wird, dürften Tatsachen aus der Sphäre des Eigentümers für die Feststellung des entscheidungserheblichen Tatbestandes kaum eine Rolle spielen können. Es ist daher im folgenden zu erwägen, inwieweit sich die Einwendungslast, deren Grundlage sich in einer kooperativen Sachverhaltsermittlung findet, auch auf solche "objektiven" Normen sinnvoll erstrecken läßt.

aa) Verfahrensfehler

Grundsätzlich kann auch ein Verfahrensfehler Grund für einen Aufhebungsanspruch eines Eigentümers sein[83]. Weil es einer Schutznorm des einfa-

---

[81] Vgl. BVerwG v. 18.4.1996, NVwZ 1996, S. 901 (904 unter 2, auch im Volltext nicht ausführlicher): Mieter haben nur Lärmbelästigung, nicht Zunahme der Luftverschmutzung gerügt, mit letzterem sind sie nach § 20 Abs. 2 S. 1 AEG ausgeschlossen.

[82] BVerwG v. 13.3.1995, NVwZ 1995, S. 905 (907 unter 3): Gemeinde klagt als Eigentümer.

[83] *Kühling*, Fachplanungsrecht, 1988, S. 175 Rn. 399.

chen Rechts aufgrund des verfassungsrechtlichen Eigentumsschutzes nicht bedarf[84], muß die verletzte Verfahrensvorschrift nicht drittschützend sein, um den Aufhebungsanspruch zu stützen. Voraussetzung hierfür ist lediglich die *konkrete Möglichkeit*, daß bei Beachtung der Verfahrensvorschrift der Eingriff in das Eigentum des Klägers nicht unverändert bestehen bliebe[85]. In diesem Fall[86] kann der Eigentümer seinen Abwehranspruch nicht nur auf die weiter oben behandelten Fehler im Anhörungsverfahren stützen, die seine relativen Verfahrensrechte betreffen, sondern auch auf Verstöße gegen *objektives* Verfahrensrecht wie etwa die Nichtdurchführung einer förmlichen Umweltverträglichkeitsprüfung[87], die Nichteinholung behördlicher Stellungnahmen[88] oder einen Ausschlußgrund nach § 20 VwVfG[89].

Im Anschluß hieran fragt es sich, inwieweit solche Verfahrensfehler - neben dem in jedem Fall geltend zu machenden Eigentum als Grundlage des Abwehranspruchs - Gegenstand von Einwendungen im Verwaltungsverfahren sein müssen, um eine materielle Präklusion auszuschließen[90]. Dieses Problem stellt sich allerdings von vornherein nur für solche Verfahrensfehler, die für den Einwender erkennbar bereits *vor* Ablauf der Einwendungsfrist begangen worden sind. Aber selbst für solche Fehler würde das Fundament der materiellen Präklusion, die kooperative Sachverhaltsermittlung durch ein dialogisch strukturiertes Einwendungsverfahren, eine Einwendungslast wohl nicht tragen: Deren wesentliche Rechtfertigung ist die Ermöglichung der behördlichen Sachverhaltsermittlung. In dem Maße, in dem auch Verfahrensfehler einem

---

84 BVerwG v. 18.3.1983, E 67, 74 (76).

85 BVerwG v. 18.3.1983, E 67, 74 (77); v. 30.5.1984, E 69, 256 (270); v. 25.1.1996, E 100, 238 (250); v. 21.3.1996, E 100, 370 (379 f.).

86 BVerwG v. 23.2.1994, NVwZ 1994, S. 688 (689 f.); v. 8.6.1995, E 98, 339 (361).

87 BVerwG v. 25.1.1996, E 100, 238 (252).

88 Vgl. VGH Kassel v. 7.1.1986, NVwZ 1986, S. 680 (682).

89 BVerwG v. 5.12.1986, E 75, 214 (227 ff.).

90 Eine eindeutige Aussage der Rechtsprechung hierzu liegt nicht vor: In BVerwG v. 3.7.1996, NVwZ 1997, S. 391 (391) werden die Folgen der Präklusion nur auf die materielle Rechtmäßigkeit des Planfeststellungsbeschlusses, nicht auf Verfahrensfehler bezogen, wenn es dort heißt: "Der angefochtene Planfeststellungsbeschluß leidet an keinem Verfahrensfehler, der es rechtfertigen könnte, der Klage stattzugeben. Mit allen Einwendungen, die die Kläger gegen die materielle Rechtmäßigkeit des Planfeststellungsbeschlusses anführen, sind sie gemäß § 20 Abs. 2 Satz 1 AEG ausgeschlossen." Ähnlich BVerwG v. 5.3.1997, Az.: 11 A 25.95. Andererseits scheint die in Fn. 68 erwähnte Entscheidung zur unterlassenen UVP im Genehmigungsverfahren eine fristgerechte Geltendmachung zu fordern.

Einwendungsausschluß unterlägen, müßte der Betroffene Fehler aus der Sphäre der Behörde zu Gehör bringen, deren Kenntnis ihm nicht näher liegt als der Behörde selbst. Wenn er auf diese Weise zum Sachverhalt nichts Weiterführendes, sondern lediglich die Tatsache der Rechtsverletzung selbst vortragen kann, wandelt sich die Einwendungslast in die Verpflichtung zu einer Rechtsrüge. Objektive Verfahrensfehler sollte daher der Eigentümer nicht rügen müssen. Eine Ausnahme kann für unzulängliche Angaben des Vorhabenträgers über Umweltzustand oder -auswirkungen im Rahmen einer UVP gelten; dieser Fehler muß im Grunde ebenso behandelt werden wie die materiellrechtlich fehlerhafte Einstellung öffentlicher Belange bei der Abwägung (s.u.).

bb) Materielles Recht

Soweit das jeweilige Fachplanungsrecht oder andere Normen materielle Regeln enthalten, die von der Planfeststellungsbehörde strikt einzuhalten sind, kann auch ihre Verletzung zusammen mit dem von der Enteignung bedrohten Eigentum zu einem Aufhebungsanspruch führen[91]. Damit enthält das Kontrollprogramm des Gerichts eine Vielzahl nur objektiv wirkender Regeln, wie die Abstimmung mit vorrangigen Planungen oder das Naturschutzrecht; Rechtsmaterien, die maßgeblich durch europarechtliche Vorgaben beeinflußt sein können[92]. Die hierdurch aufgeworfenen Fragen, z.B. der Eingriffsregelung des § 8 BNatSchG oder des hinreichenden Schutzes vor Verkehrslärm gem. §§ 41 ff. BImSchG[93], werden in der Regel nur einen höchst mittelbaren Bezug zu der konkreten Situation des Eigentums und des Eigentümers haben. Ein besonderer Beitrag zur Sachverhaltsermittlung ist daher von diesem nicht zu erwarten. Hinzu kommt, daß sich ein Großteil dieser Fragen nur nach Kenntnis der Behördenakten erschließt, auf deren Einsicht ein Anspruch nicht besteht, § 72 Abs. 1 S. 2 VwVfG. Dies läßt es als zweifelhaft erscheinen, ob dem Eigentümer auch in bezug auf derartige Rechtsnormen eine Einwen-

---

[91] *Gerhardt*, in: Schoch/Schmidt-Aßmann/Pietzner, VwGO, § 114 Rn. 33 f.

[92] Zu den Fragen der unmittelbaren Wirkung der Vogelschutz- und FFH-Richtlinie s. unten Teil D bei Fn. 5.

[93] Zu dem Charakter des § 41 Abs. 1 BImSchG als striktes, nicht durch Abwägung überwindbares Recht, VGH Mannheim v. 8.3.1996, 5 S 1743/95, VBlBW 1996, 423 (424).

dungslast auferlegt werden soll; eine Frage, zu der Stellungnahmen, soweit ersichtlich, noch nicht vorliegen[94].

cc) Abwägungskontrolle

Neben dem bindenden materiellen und Verfahrensrecht unterliegen die Planfeststellungsbeschlüsse einer gerichtlichen Kontrolle vor allem anhand des Abwägungsgebotes[95]. Zu diesem Abwägungsprozeß steuern die Einwendungen das Abwägungsmaterial bei. Im Rahmen der gerichtlichen Kontrolle dieses Abwägungsprozesses kann der Einwendungsausschluß auf zwei Stufen relevant werden:

- Die Präklusion kann zum einen dann wirksam werden, wenn der planbetroffene Eigentümer vor Gericht Fehler in der *Zusammenstellung des Abwägungsmaterials* rügt. Hier überprüft das Gericht vollständig, ob die Behörde alle "nach Lage der Dinge" erheblichen Sachaspekte einschließlich der von der Planung aufgeworfenen Folgen erfaßt und gewürdigt hat. Einzubeziehen sind schutzwürdige und nicht von vornherein wegen Geringfügigkeit zu vernachlässigende Belange[96]. Um diese gerichtliche Überprüfung zu erreichen, müßte der Kläger innerhalb der Einwendungsfrist auf bestimmte, seiner Meinung nach in die Abwägung einzubeziehende Belange hinweisen.

- Der eigentliche Abwägungsvorgang und hierbei auftretende Fehler liegen hingegen nach der Einwendungsfrist. Gleichwohl kann hierfür ein Einwendungsausschluß von Bedeutung sein, weil die zur Begründung eines Abwägungsfehlers angeführten Belange durch Präklusion ausgeschlossen sein können: Hat die Behörde nicht vorgebrachte Belange in die Abwägung eingestellt, sie in der Abwägung aber fehlerhaft überwunden, dann kann der mit einschlägigem Tatsachenvortrag präkludierte Einwender hierauf gestützt die Fehlerhaftigkeit der Abwägung nicht mehr rügen.

Für die eigenen Belange des Eigentümers paßt sich die Rügepflicht in das bisherige Schema ein. Der Eigentümer kann seinen Abwehranspruch wegen der enteignenden Vorwirkung der Planfeststellung jedoch nicht nur auf eine

---

[94] Zu der parallelen Frage bei der Geltendmachung öffentlicher Belange siehe gleich unten bei Fn. 97.

[95] BVerwG v. 14.2.1975, E 48, 56 (63 f.), std. Rspr.

[96] *Gerhardt*, in: Schoch/Schmidt-Aßmann/Pietzner, VwGO, § 114 Rn. 40.

Nicht- oder Fehlberücksichtigung eigener Belange, sondern auch *öffentlicher* Belange stützen[97]. Für die Präklusion stellt sich damit die Frage, in welchem Umfang auch diese Belange von ihm bereits im Verwaltungsverfahren geltend gemacht werden müssen.

In jedem Falle wird er sein dem Aufhebungsanspruch zugrundeliegendes Eigentum einwenden müssen[98]. Die ausschließliche Geltendmachung öffentlicher Belange, selbst wenn sie zur Aufhebung der Planfeststellung führen könnten, genügt nicht[99]. Das BVerwG scheint in einer Entscheidung zu § 17 Abs. 4 BFStrG überdies zu fordern, daß der Eigentümer auch auf den einzelnen öffentlichen Belang bereits im Einwendungsverfahren hinweist, um hinterher vor Gericht dessen fehlerhafte Abwägung rügen zu können[100]. Inwieweit dem zu folgen wäre, sollte gründlich erwogen werden: Immerhin ist der Eigentümer, der zum Beispiel die Nichtberücksichtigung eines Biotops

---

[97] BVerwG v. 18.3.1983, E 67, 74 (76 f.); v. 6.3.1987, E 77, 86 (91 - Enteignung nach Landesrecht); *Kühling*, Fachplanungsrecht, S. 179 Rn. 410. Belange Dritter dagegen kann der Eigentümer wohl nicht geltend machen, es sei denn, sie agglomerierten zu einem öffentlichen Belang, *Gerhardt*, in: Schoch/Schmidt-Aßmann/ Pietzner, VwGO, § 113 Rn. 17.
Ein Aufhebungsanspruch ergibt sich allerdings dann nicht, wenn der Fehler nur zu einer teilweisen, durch Planergänzung aufhebbaren Rechtswidrigkeit führt und somit für die Enteignung nicht kausal ist [BVerwG v. 10.7.1995, NVwZ-RR 1996, S. 188; v. 28.2.1996, NVwZ 1996, S. 1011 (1012); *Kühling*, Fachplanungsrecht, S. 179 Rn. 412 u. S. 181 Rn. 416].

[98] Schon nach bisherigem Recht näherte sich die Mitwirkungslast Betroffener der materiellen Präklusion an (*Kühling*, Fachplanungsrecht, S. 84 Rn. 191, vgl. auch S. 181 Rn. 418). Die Behörde konnte sich darauf berufen, sie habe öffentliche und private Belange nicht beachten müssen, weil sie nicht an sie herangetragen worden seien und sie sich ihr auch sonst nicht aufgedrängt hätten [BVerwG v. 9.11.1979, E 59, 87 (103 f.); v. 7.12.1988, DVBl. 1989, S. 510 ff.; *Bonk*, in: Stelkens/Bonk/ Sachs, VwVfG § 74 Rn. 24a]. Deren Nichtberücksichtigung konnte der Rechtmäßigkeit der Abwägung dann nicht entgegengehalten werden [*Gerhardt*, in: Schoch/ Schmidt-Aßmann/Pietzner, VwGO, § 114 Rn. 41 Fn. 267; diese Parallele zur Präklusion benennt deutlich VGH Mannheim v. 28.3.1996 (Az.: 5 S 1110/95) unter I 2 b) bb)]. Die Tatsache der enteignenden Inanspruchnahme eines Grundstücks dürfte sich allerdings der Behörde im Rahmen des Planfeststellungsverfahrens wohl in jedem Fall aufdrängen.

[99] BVerwG v. 13.3.1995, NVwZ 1995, S. 904 (dort: Berufung nur auf Schutz von Natur und Landschaft).

[100] BVerwG v. 24.5.1996, NVwZ 1997, S. 489 (unter 1.1.1., S. 489 r. Sp.): "Dem Bürger ist es grundsätzlich möglich, seine Belange - *auch soweit sie nicht eigene Rechtspositionen betreffen* - vorzutragen und auf ihre Berücksichtigung zu dringen. Dasselbe gilt für öffentliche Belange." (Hervorhebung von uns). Der Passage ist zwar nicht genau zu entnehmen, ob sie sich auch auf den Einwendungsausschluß im Gerichtsverfahren beziehen soll; da das BVerwG hier aber im Zusammenhang des § 17 Abs. 4 BFStrG argumentiert, dürfte der Schluß zumindest naheliegen.

auf der von der Behörde bevorzugten und ihn betreffenden Trassenalternative geltend machen will, grundsätzlich in keiner Beziehung näher an diesem Sachverhalt als die Behörde, so daß die Rechtfertigung für die Auferlegung einer Einwendungslast dünner wird.

Für eine Präklusion könnte andererseits der Gedanke sprechen, daß wegen der Komplexität großräumiger Planung die Öffentlichkeit insgesamt, also auch hinsichtlich öffentlicher Belange für eine umfassende Ermittlung des Abwägungsmaterials instrumentalisiert werden muß. Ein Eigentümer müßte danach ihm etwa aus den Planunterlagen und seiner Ortskenntnis *erkennbare* öffentliche Belange und solche Dritter rügen. Anderes gälte für Belange, die erst aus der Einsichtnahme in die Behördenakten deutlich werden können, da hierauf ein Anspruch nicht besteht, § 72 Abs. 1 S. 2 VwVfG. Eine solche weite Rügelast entspräche immerhin der außergewöhnlich weiten Rügebefugnis des Eigentümers gegenüber einem Planfeststellungsbeschluß[101]. Auch ist nicht im selben Umfang Skepsis angebracht wie bei der Frage einer Rügepflicht gegenüber Verfahrensfehlern, die immer der internen Sphäre der Behörde zuzuordnen sind.

3. Baugenehmigung

Unter wiederum veränderten Vorzeichen wird sich die Frage nach der Reichweite der Einwendungslast zukünftig dort stellen, wo - wie in Baden-Württemberg - die materielle Präklusion im Baugenehmigungsverfahren eingeführt wird. Das Entscheidungsprogramm der Baugenehmigung ist im Vergleich zu den Anlagengenehmigungen des Technikrechts und erst recht zu den Fachplanungsentscheidungen dichter durchnormiert. Die Behörde muß den Bauantrag anhand einer Vielzahl präzise gefaßter Einzelvorschriften des Bauordnungsrechts und Bauplanungsrechts, dabei zumeist auch eines konkreten Bebauungsplans sowie der Baunutzungsverordnung, prüfen. Dies prägt den Charakter der behördlichen Entscheidungsfindung: Hier noch am ehesten entspricht das Verwaltungshandeln dem überkommenen Bild der Gesetzessubsumtion. In Streit steht häufig die rechtliche Beurteilung des Bauvorhabens; der maßgebliche Sachverhalt ist dagegen anhand des Bauantrags und gegebenenfalls einer Ortsbesichtigung schnell und einfach ermittelt. Zwar gibt es daneben auch offene Tatbestände wie das Rücksichtnahmegebot oder das Maß

---

[101] So wohl BVerwG v. 24.5.1996, a.a.O.

zumutbarer Einwirkungen nach § 22 BImSchG, die vielfältige tatsächliche Betroffenheiten in der Nachbarschaft einfangen und "abwägend" (im weiteren Sinne) zum Ausgleich bringen wollen; sie prägen aber weit weniger das Bild der Praxis.

Die materielle Präklusion im Baurecht könnte damit zahlreiche Nachbareinwendungen erfassen, für die der Grundgedanke der kooperativen Sachverhaltsermittlung im dialogisch strukturierten Einwendungsverfahren wiederum nicht recht passen will. So müßte der Angrenzer bereits im Beteiligungsverfahren auf eine konkret verletzte Abstandsvorschrift der LBO hinweisen; er müßte dartun, daß das in einem allgemeinen Wohngebiet zu errichtende Vorhaben unter keine der in § 4 Abs. 2 Nr. 1 - 3 sowie Abs. 3 Nr. 1 - 5 BauNVO aufgelisteten Gebäude, Anlagen und Betriebe fällt. Möglicherweise müßte er, wenn die Behörde das Baugrundstück als im Innenbereich belegen betrachtet, darauf hinweisen, daß es in Wirklichkeit zum Außenbereich zähle und eine Bebauung daher unzulässig sei. Um sich eine inzidente Überprüfung des Bebauungsplans im Prozeß zu erhalten, wäre vielleicht schon im Rahmen der Angrenzerbeteiligung dessen Nichtigkeit zu behaupten, möglicherweise sogar mit Verweis auf eine konkret verletzte Norm.

Eine solch restriktive Auslegung dürfte zwar durchaus von der Intention des baden-württembergischen Gesetzgebers umfaßt sein[102]. Wenn man jedoch solchermaßen die Kurzformel von "Einwendungen als rechtsgutsbezogenem Vorbringen" aus den bisherigen Anwendungsfällen der Präklusion in das stark durchnormierte Baurecht überträgt, so führt dies schnell zu dem Ergebnis, daß der Angrenzer die Behörde auf eine Verletzung all jener - potentiell zahlreichen - Einzelnormen hinweisen muß, aus denen ihm im Verwaltungsprozeß Nachbarrechte erwachsen können. Vom Konzept kooperativer Sachverhaltsermittlung gelangte man zu einem Erfordernis umfassender Rechtsrügen, das der Grundvorstellung, wonach die rechtliche Beurteilung Aufgabe der Behörde (und später des Gerichts) ist, widerspricht. Dem Gedanken kooperativer Sachverhaltsermittlung widerspricht es auch, daß die baurechtlich maßgeblichen Tatsachen zumeist nicht der "Sphäre" des Nachbarn entstammen, sondern sich auf das Bauvorhaben selbst oder ganz allgemein auf die räumliche

---

[102] Nach der Begründung der Regierungsvorlage sollen die Einwender sich frühzeitig klarwerden, "ob und in bezug auf welche Rechtspositionen sie sich gegen das Vorhaben zur Wehr setzen wollen"; LT-Drucks. 11/5337, S. 115.

Umgebung beziehen und damit der Behörde mindestens ebenso naheliegen wie dem Nachbarn.

Die sonach gebotene Reduzierung der Substantiierungslast dürfte in der Praxis nicht unerhebliche Schwierigkeiten bereiten. Die einfachste und sauberste Lösung wäre es, man verlangte vom Angrenzer zur Rechtswahrung nur, gegen das Bauvorhaben überhaupt Einspruch zu erheben; dies widerspräche aber nicht nur dem Wortlaut von § 55 Abs. 2 S. 2 LBO und dem erklärten Willen des Gesetzgebers, sondern würde auch in Kontrast zur Dogmatik aller übrigen Präklusionsnormen stehen. Denkbar wäre auch eine Konzeption, wonach in der Einwendung des Angrenzers nur nach der laienhaften Artikulation bestimmter "Sachthemen" zu suchen wäre, denen man später im Verwaltungsprozeß großzügig die verschiedenen Rechtspositionen zuordnen könnte. Wenn etwa der Angrenzer sich über einen zu geringen Grenzabstand beschwert, so müßte man darunter nicht nur die bauordnungsrechtlichen Abstandsvorschriften, sondern auch Baugrenzen und -linien des Bebauungsplans fassen. Bringt er zum Ausdruck, daß das Bauvorhaben mit dem Charakter der Umgebung nicht in Einklang stehe und die Nachbarschaft störe, so wird man, wenn ein Bebauungsplan existiert, dessen einzelne Vorgaben pauschal als gerügt ansehen müssen.

V. Ausschluß der Einwendungen

Im oben dargestellten Grundmodell schließt die materielle Präklusion Tatsachenmaterial von der Berücksichtigung im folgenden Anfechtungsprozeß zwischen präkludiertem Einwender und Genehmigungs- bzw. Planfeststellungsbehörde aus, wenn es während der Einwendungsfrist nicht vorgetragen wurde. Die Folgen für die einzelnen Verfahrensschritte stellen sich demgegenüber differenziert dar:

1. Amtsermittlungspflicht und Entscheidungsprogramm

Die der Behörde objektiv obliegende Amtsermittlungspflicht bleibt wegen des nur im Verhältnis Behörde - Einwender wirkenden Einwendungsausschlusses unberührt[103]: Selbst wenn eine Einwendung nicht vorgetragen ist, kann die Behörde im Rahmen ihrer Amtsaufklärungspflicht in dieser Hinsicht

---

[103] LR-*Kutscheidt*, § 10 BImSchG Rn. 187; *Jarass*, BImSchG, § 10 Rn. 73.

tätig werden müssen. In der Regel wird die Behörde unter diesen Umständen allerdings keinen Anlaß haben, in die entsprechende Richtung weiter zu ermitteln[104]. Auch im Planfeststellungsrecht findet die Amtsermittlungspflicht insofern eine Grenze, als die Behörde nur solche Belange berücksichtigen muß, die ihr vorgetragen wurden oder die sich ihr aufgedrängt haben. Der Präkludierte kann sich allerdings gegenüber der Behörde auf präkludierte Tatsachen nicht mehr berufen, wird also auch nicht mehr mit der Behauptung gehört, in dieser Hinsicht habe die Behörde unvollständig ermittelt. Bedeutung gewinnt die Frage erst bei den Auswirkungen auf Dritte, zum Beispiel der Problematik, ob sich ein Antragsteller darauf berufen kann, die Behörde habe einen Belang bzw. eine Tatsache nicht berücksichtigen dürfen, weil sie im Einwendungsverfahren zu spät oder gar nicht vorgebracht worden war. Der Einwendungsausschluß hat jedoch relative, auf das Rechtsschutzverhältnis zwischen Einwender und Behörde beschränkte Bedeutung: Solange das Verfahren noch nicht abgeschlossen ist, sind auch verspätete Einwendungen noch in die Prüfung der Genehmigungsvoraussetzungen bzw. in die Abwägung[105] mit einzubeziehen, sie können allerdings dem präkludierten Einwender nicht mehr zur Begründung seines Anspruchs dienen[106]. Ein Vertrauensschutz des Antragstellers besteht insoweit nicht: Vertrauensschutz verleiht erst die erteilte Genehmigung. Daß bestimmte Private ihre Rechtspositionen nicht geltend gemacht haben, muß für das Verhältnis des Antragstellers zur Behörde ohne Belang bleiben[107]. Der Einwendungsausschluß führt somit auch nicht zu einem veränderten Prüfungsumfang. Die Behörde bleibt an das gesamte Recht gebunden und muß dieses auf den von ihr ermittelten Sachverhalt anwenden. Grenzen finden sich nur hinsichtlich der Aufklärungspflicht der Behörde.

2. Einwendungsausschluß im Zeitablauf

In der Zeitperspektive sind zwei Phasen zu unterscheiden: Änderungen in den Rechtsbeziehungen nach Ablauf der Einwendungsfrist bis zur behördli-

---

[104] *Stelkens*, in: Stelkens/Bonk/Sachs, VwVfG, § 24 Rn. 17.

[105] Hier ist die Planungsbehörde zur nachträglichen Einbeziehung von Belangen nur insoweit *verpflichtet*, als diese sich ihr ohnehin aufdrängen mußten; sonstige Belange *kann* sie aber nachträglich einbeziehen. Vgl. hierzu oben Fn. 98 und unten Teil F bei Fn. 25.

[106] A.A. LR-*Kutscheidt*, § 10 BImSchG Rn. 187.

[107] Insoweit anders als im Rahmen der in Teil F untersuchten Behördenpräklusion. Dazu vgl. insbesondere dort bei Fn. 22.

chen Entscheidung über das Vorhaben und zwischen behördlicher Entscheidung und Verhandlung vor dem erkennenden Gericht. Der vom Gericht zugrundezulegende Sachverhalt wird hierbei nicht nur durch den Einwendungsausschluß, sondern auch durch die maßgebliche Sach- und Rechtslage für die Beurteilung der behördlichen Entscheidung determiniert: Treten neue Tatsachen oder Rechtsänderungen erst nach Erlaß der Genehmigung bzw. des Planfeststellungsbeschlusses auf, sind sie für die hier vorliegenden Fälle der Drittanfechtung unbeachtlich[108]. Der Einwendungsausschluß ist insoweit nicht mehr von Belang. Im folgenden geht es also nur noch um Änderungen der Sachlage nach Ablauf der Einwendungsfrist, aber vor Erlaß der Verwaltungsentscheidung.

Im Regelfall ist der Einwender während des Laufs der Einwendungsfrist Eigentümer des möglicherweise betroffenen Grundstücks oder möglicherweise in seiner Gesundheit beeinträchtigter Nachbar des zu realisierenden Vorhabens. Sonderprobleme ergeben sich, wenn diese Beziehungen zu dem Vorhaben erst nach Ablauf der Einwendungsfrist entstehen, so daß der Einwender am Einwendungsverfahren noch nicht teilnehmen konnte. Hat er das Eigentum an dem Grundstück erst nach Ablauf der Einwendungsfrist durch Kauf oder z.B. auch im Erbgang erworben, ist das Eigentum bereits präklusionsbelastet[109]. Hinsichtlich aller eigentumsbezogenen Einwendungen kann der Ausschuß auch ihm entgegengehalten werden[110]. Insoweit wirkt die Einwendungslast grundstücks-, nicht personenbezogen.

---

108 *Jarass*, BImSchG, § 6 Rn. 45 f.; *Sellner*, Immissionsschutzrecht (Fn. 69), Rn. 370;
BVerwG v. 19.12.1985, E 72, 300 (311 f. - Atomrecht); v. 11.1.1991, NVwZ-RR 1991, S. 236 (Immissionschutzrecht).

109 BVerwG v. 17.7.1980, E 60, 297 (315); v. 12.11.1992, NVwZ 1993, S. 266 (267 unter 1). LR-*Kutscheidt*, § 10 BImSchG Rn. 185; *Jarass*, BImSchG, § 10 Rn. 79; *Degenhart*, FS Menger (Fn. 2), S. 635.

110 *Niehues*, FS Schlichter (Fn. 16), S. 635, sieht das Fundament der Ausschlußwirkung des Planfeststellungsbeschlusses darin, daß dieser "in seinem Kern unmittelbar öffentlich-rechtliche Eigenschaften einer Sache" regele; der Ausschluß von Abwehrrechten sei nur eine mittelbare Konsequenz. Insbesondere habe diese konkrete sachenrechtliche Zustandsregelung Auswirkungen auf alle Personen, die es angeht. Dieser Konstruktion, die Folgen für nachträglich Zugezogene (s. gleich) hätte, ist schon grundsätzlich nicht zu folgen: Aus den dem Planfeststellungsbeschluß eigenen Auswirkungen auf dingliche Rechte, vor allem planbetroffene Grundstücke, resultiert keine dingliche Eigenschaft der Regelung selbst. Auch für das spezielle Problem der nachträglich Zugezogenen bietet diese Überlegung keine Lösung an: Den (u. U. nicht unbeträchtlichen) Zeitraum zwischen Ende der Einwendungsfrist und Erlaß des Planfeststellungsbeschlusses kann sie nicht erfassen, weil insoweit eine sachenrechtliche Wirkung noch nicht eingreifen könnte. Ob nach Wirksamkeit des Planfeststellungsbe-

Anderes gilt für nachträglich, aber vor Genehmigungserteilung bzw. Planfeststellung Zugezogene, die eine Gesundheitsgefährdung geltend machen wollen: Sie müssen die Gebietsvorbelastung nicht akzeptieren[111]. Daß erst nach Ablauf der Einwendungsfrist Geborene einen Aufhebungsanspruch auf Einwendungen stützen können, die von anderen Einwendern bereits im Einwendungsverfahren vorzutragen waren, wird aus den gleichen Gründen anzunehmen sein[112]. Für diese Personengruppen läuft auch nicht die zweiwöchige Wiedereinsetzungsfrist des § 32 Abs. 2 S. 1 VwVfG: Eine Wiedereinsetzung setzt eine Fristversäumnis, also eine wirksam entstandene Frist voraus[113]. Ebenso läßt sich ihnen gegenüber schwerlich eine allgemeine Pflicht konstruieren, im Verwaltungsverfahren nunmehr unverzüglich ihre Einwendungen geltend zu machen[114]: Von der Anstoßfunktion der Auslegung wurden sie nicht erreicht, die erforderlichen Unterlagen liegen nicht mehr aus; abgesehen davon wäre wohl eine ausdrückliche gesetzliche Regelung erforderlich. In der Regel wird sich dieses Problem aber im Planfeststellungsrecht über nachträgliche Auflagen, im Anlagengenehmigungsrecht über nachträgliche Anordnungen lösen lassen.

Die Präklusion erfaßt ebenfalls keine Tatsachen, die erst nach Ablauf der Einwendungsfrist zu erkennen waren[115]. Damit können diese noch zur Begründung eines Aufhebungsanspruchs herangezogen werden, vorausgesetzt, der Kläger hat den für den Abwehranspruch erforderlichen übrigen Tatsachenvortrag bereits im Einwendungsverfahren vorgebracht[116].

---

schlusses Änderungen der Rechtsbeziehungen berücksichtigt werden müssen, ist hingegen eine Frage der maßgeblichen Sach- und Rechtslage für die Anfechtungsklage (dazu auch gleich), für die beim Planfeststellungsbeschluß auf den Zeitpunkt der Behördenentscheidung abgestellt werden muß.

111 *Jarass*, BImSchG, § 10 Rn. 79; *Schmidt-Preuß*, Kollidierende Privatinteressen (Fn. 3), S. 537 f. Die wertende Parallele, die *Sellner*, Immissionsschutzrecht (Fn. 69), Rn. 371, zu den wegen Fristversäumnis Präkludierten zieht, überzeugt nicht: Letztere sind von der Anstoßwirkung der Bekanntmachung erreicht.

112 OVG Lüneburg v. 16.8.1985, NVwZ 1986, S. 671; offengelassen in BVerwG v. 9.8.1994, E 96, 258 (260) = NVwZ 1995, S. 999 und v. 9.8.1994, NVwZ 1995, S. 1002. Zu einem Hintergrund dieses Problems *Milger* (Fn. 2), S. 239 f.

113 *Stelkens*, in: Stelkens/Bonk/Sachs, VwVfG, § 32 Rn. 4.

114 So LR-*Kutscheidt*, § 10 Rn. 183.

115 BVerwG v. 17.7.1980, E 60, 297 (308 f.); VG Regensburg v. 13.3.1989, NVwZ 1989, S. 1195 (1197); *Jarass*, BImSchG, § 10 Rn. 78 m. Hinw. auf *Papier*, NJW 1980, S. 313 (317 f.).

116 BVerwG v. 29.8.1986, NVwZ 1987, S. 131 (132).

Das BVerwG[117] wendet die materielle Präklusion auch auf solche Einwendungen an, die innerhalb der Einwendungsfrist erhoben, dann aber im Erörterungstermin im Rahmen der Planfeststellung gütlich beigelegt worden sind, wenn der Kläger im Prozeß auf diese zurückkommen will. Hiergegen dürfte allerdings der Wortlaut der Präklusionsregeln sprechen, der nur den Ablauf der Einwendungsfrist als Voraussetzung des Einwendungsausschlusses vorsieht. Des Rückgriffs auf die materielle Präklusion hätte es wohl auch nicht bedurft: Solche Einwendungen sind materiell ausgeschlossen, denn sie sind "erledigt" (vgl. § 73 Abs. 9 VwVfG), nachdem über sie eine "Einigung" erzielt worden ist. Über sie wird daher im Planfeststellungsbeschluß, der allein Gegenstand des Verwaltungsprozesses ist, nicht entschieden (vgl. § 74 Abs. 2 S. 1 VwVfG).

VI. Bedeutung des Einwendungsausschlusses für weitere Verfahren

In der dargestellten Form bezieht sich der Einwendungsausschluß zunächst nur auf den Genehmigungs- bzw. Planfeststellungsabwehranspruch. Oben wurde dargelegt, daß der Einwendungsausschluß zur effektiven Sanktionierung der nicht wahrgenommenen Einwendungslast dient, um so mit behördlichen Verfahrensleistungen hauszuhalten und gleichzeitig für den Vorhabenträger relative Planungssicherheit zu gewährleisten. Diesen Effekt kann die Präklusion nur erreichen, wenn sie garantiert, daß auch im weiteren Verfahren die *Wirksamkeit der getroffenen Regelung* nicht aufgrund der präkludierten Tatsachen wieder in Frage gestellt werden kann. In dieser Deutung läßt sich mit dem BVerwG der Zweck der Präklusion darin erblicken, die "Bestandskraft" einer einmal erteilten Genehmigung zu stärken, so daß der Einwendungsausschluß auch seine Grenze an der gesetzlichen Regelung der "Bestandskraft"[118] findet.

Von Belang ist dies zunächst im Planfeststellungsrecht für die *Planergänzungsansprüche*. Eine Aufhebung der Planfeststellung konnte schon nach der bisherigen Rspr.[119] nicht verlangt werden, wenn zur Wahrung der dem Kläger

---

[117] V. 17.2.1997, Az.: 4 VR 17/96 u. 4 A 41/96 unter 2.2.2.

[118] BVerwG v. 17.7.1980, E 60, 297 (308). Soweit damit auch die Bestandskraft im Sinne einer Unanfechtbarkeit gemeint wäre, ist dieses Problem durch die Zustellungsfiktionen gelöst, s.o. bei Fn. 37.

[119] BVerwG v. 18.4.1996, NVwZ 1996, S. 901 (905 m.N.); *Gerhardt*, in: Schoch/Schmidt-Aßmann/Pietzner, VwGO, § 113 Rn. 26.

zustehenden Rechtsposition die Verpflichtung der Behörde zu Schutzmaßnahmen ausreichte. Diese jetzt in § 75 Abs. 1a S. 2 1. Alt. BVwVfG ausdrücklich aufgenommene Regelung gilt für den Großteil der Einwendungen gegen Planfeststellungen. Daher ist es von besonderem Belang, ob, wie es die Rspr. annimmt[120], auch der Anspruch auf Planergänzung nicht auf Einwendungen gestützt werden kann, mit denen der Kläger materiell präkludiert ist. Dagegen spricht zwar, daß der Bestand des Plans durch derartige Planergänzungsansprüche nicht gefährdet ist. Auf der anderen Seite umfaßt die Regelungswirkung des Planfeststellungsbeschlusses auch die Frage der möglichen Ansprüche auf Planergänzung[121]; nach Unanfechtbarkeit ist hierüber bestandskräftig entschieden, solche Ansprüche können nicht mehr geltend gemacht werden. Zudem können Planergänzungsansprüche für das Vorhaben durchaus bedeutsam sein. Das spricht dafür, den Einwendungsausschluß auch auf Planergänzungsansprüche zu erstrecken. Gleiches dürfte für das planergänzende Verfahren gelten[122].

Auf die Entscheidung über *nachträgliche Anordnungen*, wie sie das Genehmigungsrecht[123] gem. § 17 Abs. 1 AtG, § 17 Abs. 1 S. 2 BImSchG kennt, erstreckt sich der Einwendungsausschluß nicht: Solchen Anordnungen steht der Inhalt der Genehmigung nicht entgegen[124]; die Regelungswirkung der Genehmigung ist insoweit von vornherein begrenzt. Damit ist es nur konsequent, daß Ansprüche auf nachträgliche Anordnungen auch auf Tatsachen

---

120 BVerwG v. 18.9.1995, NVwZ 1996, S. 399 (400 unter 2.); v. 5.3.1997, Az.: 11 A 25.95, unter B 2.

121 BVerwG v. 22.6.1979, E 58, 154 (157 f.); v. 22.5.1987, E 77, 295 (296 f.); *Bonk*, in: Stelkens/Bonk/Sachs, VwVfG, § 74 Rn. 31.

122 Jetzt in § 75 Abs. 1a S. 2 2. Alt. BVwVfG, davor im PlanVereinfG (Nachw. bei *Gerhardt*, in: Schoch/Schmidt-Aßmann/Pietzner, VwGO, § 114 Rn. 49 Fn. 315). Dazu BayVGH v. 5.7.1994, NuR 1995, S. 274 (280) und Gerhardt a.a.O.; BVerwG v. 16.8.1995, NVwZ-RR 1996, S. 68; v. 21.3.1996, E 100, 379 (372 f.). Denkbar ist allerdings, daß sich diese Perspektive durch die Ablösung der Planergänzungsansprüche und der Ansprüche auf planergänzendes Verfahren von der einheitlichen Abwägungsentscheidung durch § 75 Abs. 1a BVwVfG (dazu *Gerhardt*, a.a.O., § 113 Rn. 66 Fn. 307 a.E.) ändert.

123 Im Planfeststellungsrecht stellt sich diese Frage nicht: Ein Anspruch auf nachträgliche Anordnungen gem. § 75 Abs. 2 S. 2 VwVfG läßt sich nur auf "unvorhersehbare" Auswirkungen stützen. Tatsachen, die während der Einwendungsfrist vorgebracht werden konnten, waren zum Zeitpunkt der Entscheidung über den Plan in jedem Fall "vorhersehbar".

124 *Jarass*, BImSchG, § 17 Rn. 13.

gestützt werden können, die schon während der Einwendungsfrist bekannt waren und daher hätten vorgetragen werden müssen[125].

Weil es der Präklusion um den Erhalt der Wirksamkeit einer Regelung geht, ist der Kläger für eine *Nichtigkeitsklage* nicht mit der Berufung auf präkludierte Tatsachen ausgeschlossen[126]. *Ansprüche auf Aufhebung* der getroffenen Regelung (oder auf ermessensfehlerfreie Entscheidung hierüber) lassen sich dagegen mit präkludiertem Vorbringen nicht begründen, wenn der Kläger sich nicht auf neue Tatsachen stützen kann[127]: Jedenfalls ein Anspruch auf Rücknahme scheitert an der wirksamen Regelung des Verwaltungsaktes, die von dem präkludierten Betroffenen nicht noch einmal in Frage gestellt werden soll.

Geltung behalten muß der Einwendungsausschluß ebenfalls für Sekundäransprüche der Staatshaftung, wie Amtshaftung und Folgenbeseitigung[128]. Zwar ist nach std. Rspr. die Bestandskraft bzw. die Wirksamkeit eines Verwaltungsaktes ohne Belang für die Frage, ob eine Amtspflichtverletzung vorliegt[129]. Auch wenn man dem folgen will, würden Amtshaftungsansprüche bei Versäumung der Einwendungen jedenfalls an § 839 Abs. 3, andere Sekundäransprüche an § 254 BGB analog scheitern.

---

[125] *Jarass*, BImSchG, § 17 Rn. 52; für § 17 Abs. 1 S. 3 AtG BVerwG v. 17.7.1980, E 60, 297 (308 unter bb). A.A. LR-*Kutscheidt*, § 17 Rn. 190: Ansprüche können nur auf solches Vorbringen gestützt werden, das sich auf nach Ablauf der Einwendungsfrist eingetretene Tatsachen gründet.

[126] BVerwG v. 17.7.1980, E 60, 297 (308); v. 17.7.1980, NJW 1981, S. 363.

[127] VGH Kassel v. 4.3.1985, NVwZ 1985, S. 764. A.A. für die Sondersituation nach § 17 Abs. 1 AtG BVerwG v. 17.7.1980, E 60, 297 (308).

[128] Für § 17 BWaStrG a.F. a.A. BGH v. 12.7.1984, Z 92, 114 (116).

[129] BGH v. 15.10.1990, Z 113, 17 (18 f.) = NJW 1991, S. 1168 (1169) mit einem Vorbehalt für die Planfeststellung (S. 23 = NJW 1991, S. 1170); krit. *Gerhardt*, in: Schoch/Schmidt-Aßmann/Pietzner, VwGO, Vorb. § 113 Rn. 16.

C. Verfassungsmäßigkeit der Präklusionsnormen

Die materielle Präklusion schränkt die prozessuale Durchsetzungsfähigkeit aus subjektiven Rechten folgender Abwehransprüche ein. Aus diesem Grunde wurden gegen sie verfassungsrechtliche Bedenken erhoben[1]. Mit dem Sasbach-Beschluß[2], in dem das BVerfG die Präklusion im atomrechtlichen Genehmigungsverfahren gebilligt hat, sind diese Einwände leiser geworden. Gleichwohl machte man es sich zu leicht, wenn man materielle Präklusionsnormen in jeglichen Verfahrenszusammenhängen mit einem pauschalen Hinweis auf diese Entscheidung als unbedenklich ansähe[3]. Die Einführung der materiellen Präklusion in diese unterschiedlichen Verfahrenszusammenhänge veranlaßt vielmehr dazu, sich noch einmal der verfassungsrechtlichen Rechtfertigung dieses Instruments zu vergewissern.

I. Der verfassungsrechtliche Maßstab

Die materielle Präklusion liegt im Schnittpunkt des Verfahrens-, materiellen und Prozeßrechts. Sie beschränkt die Durchsetzung subjektiver Rechte, indem im Verwaltungsverfahren nicht vorgebrachte Tatsachen vom Richter nicht zum Gegenstand seiner Entscheidungsfindung gemacht werden dürfen. Dies bedeutet zwar keine Bindung an die tatsächlichen Feststellungen der Verwaltungsbehörde[4], gleichwohl aber eine Abweichung von dem Grundsatz vollständiger tatsächlicher und rechtlicher Kontrolle der Verwaltungsentschei-

---

[1] Ihre Verfassungswidrigkeit nehmen an *Zuck*, BB 1963, S. 671 (672); *Wolfrum*, DÖV 1979, S. 497 (500 ff.); *Ule*, BB 1979, S. 1009 (1012 f.); *Papier*, NJW 1980, S. 313 (318 ff.); *ders.*, in: Maunz-Dürig, GG (Stand: 1994), Art. 14 Rn. 50; *Erbguth*, Rechtssystematische Grundfragen des Umweltrechts, 1987, S. 254 ff.; *M. Beckmann*, Verwaltungsgerichtlicher Rechtsschutz im raumbedeutsamen Umweltrecht, 1987, S. 216 ff.; *Class*, VR 1990, S. 1 (4).

[2] BVerfG v. 8.7.1982, E 61, 82 (109 ff.).

[3] Beispiele für solche pauschale Verweise aus anderen Rechtsgebieten auf die Sasbach-Entscheidung finden sich manchenorts: Z.B. *Sauter*, Landesbauordnung für Baden-Württ. (Lsbl., Stand 1996), § 55 Rn. 28a; *Bulling*, Wassergesetz Baden-Württ., § 107 Rn. 11; *Jesch*, in: Jesch/Ley/Racky, Investitionsvorranggesetz, 2. Aufl. 1996, § 5 Rn. 28. Wie hier *Solveen*, DVBl. 1997, S. 803 (803, 809).

[4] Dazu BVerfG v. 5.2.1963, E 15, 275 (282); v. 17.4.1991, E 84, 34 (49).

dung, wie ihn Art. 19 Abs. 4 GG normiert. An dieser Vorschrift ist also die gesetzgeberische Anordnung der Präklusion zu messen.

Art. 19 Abs. 4 GG mit der Annahme für nicht einschlägig zu halten, mit dem Einwendungsausschluß erlösche auch das subjektive Recht, die Rechtsschutzgarantie setze aber bestehende subjektive Rechte voraus[5], trifft nach der oben erläuterten Konstruktion nicht zu: Präklusionsnormen lassen sich in ihrer Wirkung nicht wie gewöhnliche Rechtsentstehungs- oder Rechtserlöschensgründe losgelöst vom Verwaltungsprozeß verstehen. Nicht einschlägig sind demgegenüber die jeweils betroffenen materiellen Grundrechte[6]. Sie bilden den Grund für das Rechtsschutzerfordernis, gestalten die Rechtsschutzanforderungen im einzelnen jedoch nicht aus[7]. Auch in der Verfahrensdimension der Grundrechte findet sich der geeignete Prüfungsmaßstab nicht[8]: Das Besondere der materiellen Präklusion ist nicht ihre Auswirkung im Verwaltungsverfahren, sondern die aufgrund der versäumten Verfahrenshandlung eingeschränkte Tatsachenkontrolle im Prozeß.

II. Grundlinien der verfassungsrechtlichen Rechtfertigung

Die in der Anordnung der materiellen Präklusion liegende Abweichung von dem Grundsatz vollständiger gerichtlicher Kontrolle findet ihren wesentlichen Grund in dem funktionalen Zusammenhang zwischen Verwaltungsverfahren

---

[5] So *U. Berger*, Grundfragen umweltrechtlicher Nachbarklagen, 1982, S. 226; *Schenke*, BK, Art. 19 Abs. 4 GG Rn. 435; ähnlich *Stober*, AöR Bd. 106 (1981), S. 41 (71).

[6] Wenn BVerwG [v. 17.7.1980, E 60, 297 (305)], die materielle Präklusion anhand grundrechtlicher Schutzpflichten und BVerfG [v. 8.7.1982, E 61, 82 (112)], anhand materieller Grundrechte Dritter prüfen, dürfte dies auf dem Umstand beruhen, daß sich die klagende Gemeinde Sasbach als öffentlich-rechtliche Körperschaft nicht unmittelbar auf Art. 19 Abs. 4 GG berufen konnte (offengelassen von BVerfG, a.a.O., S. 109). Soweit das BVerwG (v. 7.12.1983, NVwZ 1984, S. 234) und *Knemeyer* (Rechtliches Gehör im Gerichtsverfahren, in: HStR Bd. 6, 1989, § 155 Rn. 60) Art. 103 Abs. 2 GG heranziehen wollen, geht es ihnen nicht um die Rechtfertigung, sondern um die Ausgestaltung der Präklusion. Dieser Überlegung liegt im übrigen wohl die unzutreffende Kompensationsthese (dazu siehe gleich unter II 1) zugrunde.

[7] *Papier*, Rechtsschutzgarantie gegen die öffentliche Gewalt, in: HStR Bd. 6, § 154 Rn. 14 ff. m.w.N. Aus diesem Grunde ist dem BVerwG [v. 24.5.1996, NVwZ 1997, S. 489 (489 r. Sp.); ähnlich *Solveen*, DVBl. 1997, S. 803 (804)] nicht zu folgen, wenn es die Verfassungsmäßigkeit der materiellen Präklusion vor allem an Art. 14 Abs. 1 GG mißt und daraufhin untersucht, ob hierin eine zulässige Inhalts- und Schrankenbestimmung des Eigentums liege. Ohnehin klagten in jenem Fall von der enteignungsrechtlichen Vorwirkung des Planfeststellungsbeschlusses Betroffene, insofern hätte konsequenterweise Art. 14 Abs. 3 GG den Maßstab bilden müssen.

[8] Dazu tendiert *Huber*, AöR 114 (1989), S. 252 (278 ff.).

und gerichtlichem Verfahren. Das Erfordernis des ausgewogenen Rechtsschutzes tritt als zweite Begründungslinie hinzu, die im Ansatz hiervon zu trennen ist, in einzelnen Punkten aber die Ergebnisse bestätigen kann.

1. Keine Begründung: Kompensation

Der Zusammenhang zwischen Verwaltungsverfahren und Verwaltungsprozeß darf nicht dazu verleiten, deren grundsätzliche Trennung zu überspielen; dies könnte in der Formulierung von "Rechtsschutz durch Verfahren" anklingen, wenn sie so zu verstehen wäre, im Verwaltungsverfahren könne Rechtsschutz nicht nur zur Verstärkung, sondern auch anstelle des gerichtlichen Verfahrens gewährt werden: Art. 19 Abs. 4 GG fordert *gerichtlichen* Rechtsschutz. Gegen diese Regel verstößt das BVerwG[9] mit seinem Kehrseiten- oder Ausgleichsargument, wonach die materielle Präklusion nur angemessener Ausgleich für ein dem Betroffenen verliehenes besonderes Verfahrensrecht und die ihm damit eingeräumte Einflußmöglichkeit sei. Angesichts der im Regelfall nach § 13 Abs. 2, § 28 VwVfG geltenden Pflicht der Behörde, Drittrechtsbetroffene auf Antrag anzuhören, kann die Öffentlichkeitsbeteiligung bei Planfeststellungen und qualifizierten Anlagengenehmigungen, die diese Anhörung lediglich in formalisierter Weise anordnet, schon schwerlich als eine besondere Wohltat des Gesetzgebers[10] bezeichnet werden, so daß sie allein die Nachteile des Einwendungsausschlusses ausgleichen könnte[11]. Vor

[9] BVerwG v. 17.7.1980, E 60, 297 (304, 306); eine Tendenz dazu auch in BVerwG v. 24.5.1996, NVwZ 1997, S. 489 (490 l. Sp.), wenn es dort heißt, der Gesetzgeber verfolge "der Sache nach den Gedanken eines vorverlagerten Rechtsschutzes". Das BVerwG liefert aber zusätzliche Argumente (s. den folgenden Abschnitt). Wie das BVerwG *U. Haupt*, Ausschlußfristen in Einwendungsverfahren des öffentlichen Rechts, 1988, S. 126 (136); *Breuer*, in: Schmidt-Aßmann (Hrsg.): Besonderes Verwaltungsrecht, 10. Aufl. 1995, 5. Abschn. Rn. 193; *F.-T. Hett*, Öffentlichkeitsbeteiligung bei atom- und immissionsschutzrechtlichen Genehmigungsverfahren, 1994, S. 160 f. und der Baden-Württ. Gesetzgeber, LT-Drucks. 11/5337, S. 115.

[10] Von einem "Angebot an Beteiligung" spricht das BVerwG v. 24.5.1996, NVwZ 1997, S. 489 (490 l. Sp.): Die Verfassung fordere nicht, es "sanktionslos verstreichen lassen zu können".

[11] Die Vorteile für Drittrechtsbetroffene aus der gegenüber § 28 VwVfG stärkeren Formalisierung der Anhörung liegen hauptsächlich in folgenden Punkten: konkretere Anforderungen an die behördlichen Informationen zur beabsichtigten Entscheidung (Auslegung von Plan bzw. Genehmigungsunterlagen); mündliche Anhörung im Erörterungstermin; Wegfall des der Anhörung vorgelagerten Schritts der Hinzuziehung als Beteiligter (§ 13 Abs. 2 VwVfG) und damit des Risikos, daß die Behörde seine Rechtsbetroffenheit zu Unrecht verneint. Daß die Öffentlichkeitsbeteiligung ein nach § 28 VwVfG nicht bestehendes Verfahrensrecht für Nicht-Drittrechtsbetroffene

allem muß man sich bewußt halten, daß vom Drittrechtsbetroffenen keineswegs nur eine zeitliche Vorverlagerung seiner Rechtsverteidigung aus dem Gerichts- in das Verwaltungsverfahren verlangt wird. Vielmehr muß er sich rein vorsorglich gegen eine Maßnahme wehren, deren genauen Belastungsumfang er noch gar nicht endgültig abschätzen kann. Vor allem muß er seine Einwendungen sogleich substantiieren, wozu der Widerspruchsführer bzw. Anfechtungskläger im verwaltungsprozessualen Normalfall zunächst nicht verpflichtet ist[12].

2. Gebot institutioneller Rücksichtnahme

Verwaltungsverfahren und Verwaltungsprozeß stehen nicht unverbunden nebeneinander. Vorkehrungen im Verwaltungsverfahren dürfen einen wirksamen Rechtsschutz nicht unmöglich machen[13], wie auch der Rechtsschutz die Ziele des Verwaltungsverfahrens nicht konterkarieren darf: "Gebot institutioneller Rücksichtnahme"[14]. In diesem Gebot kommt der prinzipielle Unterschied zwischen Gerichtsverfahren und Verwaltungsverfahren zum Tragen, den die Dogmatik auch dann zu berücksichtigen hat, wenn sie sich mit funktionsbedingten Grenzen richterlicher Kontrolle beschäftigt, wie sie z. B. in Letztentscheidungsermächtigungen der Verwaltung zutage tritt. Hierbei erleichtert ein Verständnis der gerichtlichen Kontrolle als Nachvollzug der Verwaltungsentscheidung[15] anhand von Rechtsmaßstäben eine funktionsgerechte Abstimmung zwischen den beiden Ebenen Verwaltungsverfahren und Verwaltungsprozeß. Dies führt zur Grundlage des Gebots institutioneller

---

schafft, ist kein Argument für die materielle Präklusion, da diese Einwender ohnehin nicht klagebefugt sind. Kritisch zum Kompensationsargument auch *de Witt*, DVBl. 1980, S. 1006 (1008); *Wahl*, VVDStRL 41 (1983), S. 151 (161); *C. Metz*, Zulässigkeit und Grenzen formeller und materieller Präklusion, 1983, S. 108 f.; *Erbguth*, Grundfragen (Fn. 1), S. 242 ff. und 265.

[12] Insoweit greift ein Verweis auf die Zulässigkeit von Vorverfahren oder prozessualen Fristen und Begründungserfordernissen zur Rechtfertigung der materiellen Präklusion [So z.B. *Degenhart*, in: Erichsen/Hoppe/v. Mutius (Hrsg.), Festschrift für C.-F. Menger, 1985, S. 621 (628); BVerwG v. 24.5.1996, NVwZ 1997, S. 489 (489 r. Sp., dort Verw. z.B. auf BVerfG v. 28.10.1975, E 40, 237 ff., 252)] zu kurz, *Schenke*, BK Art. 19 Abs. 4 GG Rn. 434; *J. Ipsen*, DVBl. 1980, S. 146 (152 f.).

[13] "Vorwirkungen des gerichtlichen Rechtsschutzes auf das Verfahren", BVerfG v. 8.7.1982, E 61, 82 (110).

[14] *Schmidt-Aßmann*, Verwaltungsverfahren, in: HStR Bd. 3, § 70 Rn. 22; *ders.*, in: Schoch/Schmidt-Aßmann/Pietzner (Hrsg.), Verwaltungsgerichtsordnung, (Lsbl., Stand 1996), Einl. Rn. 198.

[15] *Gerhardt*, in: Schoch/Schmidt-Aßmann/Pietzner, VwGO, Vorb. § 113 Rn. 20; *Schmidt-Aßmann*, ebda., Einl. Rn. 191.

Rücksichtnahme: Es wurzelt letztlich im Gewaltenteilungsprinzip und damit in dem Gedanken funktionsgerechter Zuordnung der Kompetenzen[16]. Die eigenständige Funktion des Verfahrens tritt besonders dort zutage, wo ihm eine mehrseitige Interessenabklärung aufgetragen ist, es gewissermaßen in eine politische Funktion hineinwächst und sich so von älteren Vorstellungen eines Vollzugs politisch beschlossener Gesetze entfernt.

Zuständig für die Zuordnung der Kompetenzen ist primär der Gesetzgeber, dann aber auch die Gerichte, wenn sie z.B. eine Norm auf das Vorliegen einer Beurteilungsermächtigung befragen. Für die folgenden Ausführungen ist darauf Bedacht zu nehmen, daß die materielle Präklusion nunmehr eindeutig durch den Gesetzgeber angeordnet ist[17]. Es geht nicht mehr um die Frage, inwieweit eine bestimmte gerichtliche Interpretation einer Verfahrensnorm verfassungsmäßig ist, sondern um die Zulässigkeit dieser gesetzgeberischen Entscheidung. Da dem Gesetzgeber ein weiter Gestaltungsspielraum zukommt (eine sorgfältige Abwägung wird er vornehmen müssen[18]), verschiebt sich die Wertungsschwelle gegenüber der älteren Diskussion, der es zumeist um die Verfassungsmäßigkeit der Norminterpretation durch die Gerichte ging[19]. Im folgenden sollen unter Einbeziehung der oben gewonnenen Erkenntnisse die spezifischen Strukturmerkmale von Verwaltungsverfahren und -entscheidung, welche die Anordnung einer materiellen Präklusion rechtfertigen, herausgearbeitet werden:

---

[16] Hierzu BVerfG v. 18.12.1994, E 68, 1 (86); *Hesse*, Grundzüge des Verfassungsrechts der Bundesrepublik Deutschland, 20. Aufl. 1995, Rn. 482.

[17] Vgl. oben Teil A bei Fn. 6. Auch die Interpretation der Regelung in § 10 Abs. 3 S. 3 BImSchG als materielle Präklusion dürfte damit in den Willen des Gesetzgebers aufgenommen sein. Ob dies auch für § 7 AtVfV als untergesetzliche Norm gelten kann, mag angesichts der hierfür vorliegenden Verfassungsgerichtsentscheidung dahinstehen.

[18] *Schmidt-Aßmann*, in: Maunz/Dürig, Grundgesetz (Lsbl., Stand: 1985), Art. 19 IV Rn. 260; *ders.*, Das Allgemeine Verwaltungsrecht als Ordnungsidee und System, 1982, S. 52.

[19] Explizit BVerfG v. 8.7.1982, E 61, 82 (109); etwa auch *Erbguth*, Grundfragen (Fn. 1), S. 254 ff., 275. Nicht eindeutig demgegenüber z.B. *Papier*, in: Maunz-Dürig, GG, Art. 14 Rn. 50. Zu unterschiedlichen Wertungsschwellen bei der verfassungsgerichtlichen Prüfung von Gesetzen und ihrer Auslegung und Anwendung durch die Fachgerichte im Einzelfall zusammenfassend *Starck*, JZ 1996, S. 1033, der im Sinne der "*Schumannschen* Formel" für eine Angleichung der Wertungsschwelle der Urteils- an die der Gesetzesverfassungsbeschwerde plädiert (a.a.O., S. 1039).

An erster Stelle zu nennen ist die Großräumigkeit komplexer Verwaltungsentscheidungen[20], die sich auf eine unübersehbare Vielzahl potentieller Betroffener auswirken können ("Massenverfahren")[21]. Vor allem aus diesem Strukturmerkmal ergibt sich die Notwendigkeit kooperativer Sachverhaltsermittlung im oben dargestellten Sinne: Gerade wegen der Großräumigkeit der Verwaltungsentscheidung kann die Behörde im Verwaltungsverfahren allein durch Amtsermittlung die vielfältigen, unüberschaubaren Betroffenheiten sachlich nicht vollständig aufklären und damit auch die dahinterstehenden rechtlichen Positionen nicht angemessen würdigen[22]. Hierzu ist sie vielmehr zwingend auf die Mitwirkung der Einwender in der Öffentlichkeitsbeteiligung angewiesen.

Neben die Großräumigkeit tritt als zweites Strukturmerkmal komplexer Verwaltungsentscheidungen die besonders lange Verfahrensdauer, mit der ständig wachsende Planungskosten für den Antragsteller, aber auch für die Verwaltung selbst einhergehen. Dieser zeitliche Aspekt liefert zwei Argumente für die materielle Präklusion: Zum einen stößt die Behörde bei lang andauernden Verfahren an die Grenzen ihrer Verfahrenskapazität; deshalb muß dafür gesorgt sein, daß sie möglichst frühzeitig von Einwendungen erfährt und diese bearbeiten kann, statt nach einer gerichtlichen Aufhebung das gesamte Verfahren von neuem aufrollen zu müssen. Weiterhin geht es um eine effektive Ausgestaltung des Rechtsschutzes der Drittbetroffenen. Bei langwierigen Verwaltungsverfahren baut sich im Laufe der Zeit ein zunehmender faktischer Druck auf eine positive Entscheidung hin auf; dieser Druck lastet auch auf der nachträglichen verwaltungsgerichtlichen Kontrolle. Deshalb müssen die Drittbetroffenen in ihrem eigenen Interesse dazu veranlaßt werden, ihre Einwände bereits im Verwaltungsverfahren zu einem Zeitpunkt geltend zu machen, in dem vollendete Tatsachen auf den Entscheidungsprozeß noch nicht zu wirken vermögen[23]. Vorgezogener Rechtsschutz bietet im Ver-

---

[20] Zum im folgenden gebrauchten Topos der "komplexen Verwaltungsentscheidungen" grundlegend *Schmidt-Aßmann*, VVDStRL 34 (1976), S. 221 (223 - 225); *ders.*, Das allgemeine Verwaltungsrecht (Fn. 18), S. 24 f.; *Hoppe*, in: Festgabe BVerwG, 1978, S. 295; *Steinberg*, DÖV 1982, S. 619.

[21] BVerfG v. 8.7.1982, E 61, 82 (114); vgl. auch BVerwG v.17.7.1980, E 60, 297 (307).

[22] BVerfG v. 8.7.1982, E 61, 82 (114); BVerwG v. 24.5.1996, NVwZ 1997, S. 489 (489 f.) für das Planfeststellungsverfahren. Vgl. auch *Stober*, AöR Bd. 106 (1981), S. 41 (55 ff.).

[23] BVerfG v. 8.7.1982, E 61, 82 (115 f.). Vgl. auch BVerwG v.17.7.1980, E 60, 297 (306). Ob die Öffentlichkeitsbeteiligung hierfür tatsächlich ein hinreichend früh-

waltungsverfahren also keineswegs einen gleichwertigen Ersatz für gerichtlichen Rechtsschutz, wie es das Kompensationsargument des BVerwG insinuiert, wohl aber eine notwendige Ergänzung bei komplexen Entscheidungen[24].

In normativer Hinsicht ist schließlich ein drittes Strukturmerkmal die besondere Unbestimmtheit und Offenheit des materiellrechtlichen Entscheidungsprogramms, die mit einer reduzierten gerichtlichen Kontrolldichte korrespondiert[25]. Im atomrechtlichen Genehmigungsverfahren, dem Ausgangsfall der Sasbach-Entscheidung, zeigt sich dies insbesondere anhand des Genehmigungserfordernisses der nach dem Stand von Wissenschaft und Technik hinreichenden Schadensvorsorge, welches durch eigenständige Wertungen der Verwaltung auszufüllen und daher von den Verwaltungsgerichten nur eingeschränkt überprüfbar ist (administrativer Beurteilungsspielraum), sowie anhand des stets verbleibenden Versagungsermessens. Die hier von der Behörde geforderte komplexe Wertungsentscheidung, die im Verwaltungsprozeß nur nachvollziehend und begrenzt überprüft, nicht aber durch eine eigene Wertung des Gerichts ersetzt werden darf, verlangt eine bereits im Verwaltungsverfahren unter anderem durch die Öffentlichkeitsbeteiligung optimal aufbereitete Tatsachengrundlage. Dies läßt sich im Verwaltungsprozeß nicht mehr nachholen, ohne die gebotene Aufgabenteilung zwischen Exekutive und Judikative zu durchbrechen[26]. Eben weil in den Fällen reduzierter Kontrolldichte der Sachverhalt im Verwaltungsprozeß nicht ausermittelt werden darf[27], muß dies so weit möglich bereits im Verwaltungsverfahren geschehen. Jedenfalls bei Massenverfahren ist dies nicht allein durch Amtsermittlung, sondern wiederum nur durch wirkungsvolle Einbeziehung der Betroffenen, also durch kooperative Sachverhaltsermittlung zu gewährleisten.

---

zeitiger Moment im Verwaltungsverfahren ist, steht auf einem anderen Blatt; hierzu kritisch *Hoffmann-Riem/Rubbert*, Atomrechtlicher Erörterungstermin und Öffentlichkeit, 1984, S. 29 ff.; *Holznagel*, Konfliktlösung durch Verhandlungen, 1990, S. 84 ff., m.w.N. in Fn. 423.

[24] Vgl. dazu allgemein *Schwarze*, Der funktionale Zusammenhang von Verwaltungsverfahrensrecht und verwaltungsgerichtlichem Rechtsschutz, 1974; *Schmidt-Aßmann* (Fn. 14), in: HStR Bd. 3, § 70 Rn. 21 f.; *ders.*, in: Schoch/Schmidt-Aßmann/Pietzner, VwGO, Einl. Rn. 197.

[25] BVerfG v. 8.7.1982, E 61, 82 (114); ebenso BVerwG v. 24.5.1996, NVwZ 1997, S. 489 (490 l. Sp.).

[26] BVerfG v. 8.7.1982, E 61, 82 (115).

[27] Dazu ausdrücklich BVerwG v. 22.10.1987, E 78, 177 (180 f.); eingehend zu diesem Thema *Wahl*, NVwZ 1991, S. 409.

3. Der Grundsatz ausgewogenen Rechtsschutzes

Der Grundsatz ausgewogenen Rechtsschutzes[28] als zweite Begründungslinie ist angesprochen, soweit die Präklusion als bestandsstärkendes Remedium propagiert wird[29]: Aus dem Charakter der atomrechtlichen Genehmigung als Massenverfahren folge ein verstärktes Bedürfnis des Antragstellers nach Rechtssicherheit, weil die Bestandskraft der einmal erteilten Genehmigung aufgrund der Vielzahl möglicher Kläger besonders gefährdet sei. Wie oben bereits dargelegt[30], kann diese Argumentation so nicht aufrechterhalten werden, sondern ist auf ihren richtigen Kern zurückzuführen: Zwar soll durch die Präklusion nicht einfach der Klägerkreis reduziert und dadurch die Bestandskraft der Entscheidung gestärkt werden, wohl aber erlangt der Antragsteller relative Planungssicherheit, da er - ursprünglich mit einem potentiell unüberschaubaren Kreis von Drittbetroffenen konfrontiert - nun bereits im Verwaltungsverfahren abschätzen kann, ob, von welcher Seite und mit welchem Vorbringen Gegenwehr gegen das Vorhaben zu erwarten ist[31]. Hierauf kann er sich in seinem weiteren Investitionsverhalten einstellen. Diese Argumentation trifft auf Verwaltungsverfahren zu, die durch die soeben dargelegten Strukturmerkmale gekennzeichnet sind: So besteht das Bedürfnis an relativer Planungssicherheit des Antragstellers gerade bei großräumigen Entscheidungen mit einer unübersehbaren Vielzahl potentieller Kläger; weiterhin ist dieses Bedürfnis um so höher, je länger das Gesamtverfahren dauert.

4. Konzentration und Beschleunigung als Rechtfertigung

Zweifelhaft erscheint dagegen, ob und inwieweit neben den Geboten institutioneller Rücksichtnahme und ausgewogenen Rechtsschutzes, die ihre Be-

---

[28] Dazu - auch für diesen Zusammenhang - *Papier* (Fn. 7), HStR Bd. 6, § 154 Rn. 8.

[29] BVerwG v. 17.7.1980, E 60, S. 297 (304, 307). Dem folgt der Baden-Württ. Gesetzgeber für die Präklusion im Baugenehmigungsverfahren, LT-Drucks 11/5337, S. 115.

[30] Teil B bei Fn. 35.

[31] Diese Version des Arguments ist in BVerwG v. 17.7.1980, E 60, S. 297 (304) angedeutet: Die materielle Präklusion "macht außerdem das Risiko überschaubarer, welches der Hersteller / Betreiber eingeht, wenn er von der erteilten Genehmigung vor Unanfechtbarkeit Gebrauch macht". Zur materiellen Präklusion als "Ausdruck multipolarer Konfliktschlichtung" *Schmidt-Preuß*, Kollidierende Privatinteressen im Verwaltungsrecht, 1992, S. 535 ff.; ähnlich auch *Stober*, AöR Bd. 106 (1981), S. 41 (54 ff.).

deutung bei solchen spezifisch strukturierten Verfahren entfalten, auch das allgemeine Erfordernis der Konzentration und Beschleunigung des Verwaltungs- wie des Gerichtsverfahrens zur Rechtfertigung der materiellen Präklusion taugen kann. Das BVerfG nennt dieses Argument immerhin[32], bezieht es indes ausdrücklich auf den besonderen Charakter der atomrechtlichen Genehmigung als "Massenverfahren" und spricht damit das Thema der begrenzten Verfahrenskapazität der Behörde speziell bei solchen Entscheidungen an. Fehlen demgegenüber die Strukturmerkmale räumlich und zeitlich komplexer sowie materiellrechtlich schwach determinierter Entscheidungen, muß bei der Prüfung der Verfassungsmäßigkeit von Präklusionsnormen ein vom Gesetzgeber angenommenes Beschleunigungsbedürfnis besonders kritisch auf seine legitimierende Kraft überprüft werden.

III. Einzelne Präklusionsnormen

1. Komplexe Genehmigungsverfahren

Untersucht man die Verfahrens- und Entscheidungstypen, bei denen sich die materielle Präklusion heute findet, auf diese Strukturmerkmale, so fällt die Rechtfertigung bei den qualifizierten Genehmigungsverfahren des Atomrechts, des Immissionsschutz- und des Gentechnikrechts verhältnismäßig leicht. Zur Rechtfertigung der atomrechtlichen Präklusion haben sich schon BVerfG und BVerwG explizit auf die Großräumigkeit und Dauer des Verfahrens sowie auf den Beurteilungsspielraum der Verwaltung gestützt[33]. Die den förmlichen Genehmigungsverfahren nach §§ 4, 11 BImSchG sowie § 1 GenTAnhV unterliegenden Genehmigungen für Anlagen und Freisetzungen kommen in ihrer Großräumigkeit und Komplexität häufig denen des Atomrechts nahe; jedenfalls besteht typischerweise nur ein gradueller Unterschied. Materiellrechtlich sind sie zwar vom Gesetz als gebundene Entscheidungen konstruiert, enthalten aber höchst unbestimmte Genehmigungsvoraussetzungen (insb. § 5 Abs. 1 Nr. 1, 2; § 13 Abs. 1 Nr. 1 und § 16 Abs. 1 Nr. 1 und 2 GentG), bei denen administrative Beurteilungsspielräume diskutiert[34] und

---

32 BVerfG v. 8.7.1982, E 61, 82 (116).

33 Vgl. die einzelnen Zitate aus BVerwG v.17.7.1980, E 60, 297; BVerfG v. 8.7.1982, E 61, 82.

34 Für das Gentechnikrecht: *Wahl*, NVwZ 1991, S. 409 (413 m.w.N.). Für eine behördliche Einschätzungsprärogative bei der Risikobewertung hinsichtlich der Genehmigungsvoraussetzungen nach § 16 Abs. 1 GentG jetzt auch OVG Berlin v.

faktisch auch teilweise anerkannt[35] werden. Insbesondere weist das Gentechnikrecht im Problem komplexer und oft hypothetischer Risikoermittlung und -abschätzung deutliche Parallelen zum Atomrecht auf[36], während die immissionsschutzrechtliche Genehmigungsentscheidung zumindest auf untergesetzlicher Ebene weit stärker normativ determiniert ist.

2. Planfeststellung

Im Bereich der Planung können jedenfalls die verkehrsrechtlichen Planfeststellungen im Sinne des Planungsvereinfachungsgesetzes typischerweise als großräumige Massenverfahren mit hoher Komplexität und Zeitdauer gelten, für die der Gesetzgeber zudem von einem gesteigerten Beschleunigungsbedürfnis ausgegangen ist[37]. Besonderes Gewicht gewinnt der Zusammenhang zwischen Präklusionsnormen und planerischer Entscheidungsfindung: Raumbedeutsame Planungen weisen einen prozeßhaften Charakter der Entscheidungsfindung auf; ein Standort oder eine Trasse wird in einem zeitlich gestreckten Verfahren unter fortschreitender Einengung von Entscheidungsalternativen festgelegt[38]. Das Argument des BVerfG, daß Betroffene in ihrem eigenen Interesse eine frühzeitige Beteiligungsmöglichkeit im Verwaltungsverfahren wahrnehmen müssen, trifft deshalb auf Planungen erst recht zu. Es verbindet sich mit der Erwägung, daß sich bei Planungen der Kern des materiellen Entscheidungsprogramms, nämlich das Gebot gerechter Abwägung, erst im Verfahren, dessen Herzstück eine effiziente Öffentlichkeitsbeteiligung

---

29.3.1994, NVwZ 1995, S. 1023 unter Übernahme der atomrechtlichen Dogmatik; zusammenfassend VG Berlin v. 18.7.1994, ZUR 1996, S. 41 (43) m.w.N. aus der Rspr.

35 Praktisch unbestritten ist die Außenverbindlichkeit der TA Luft als generelle Ausfüllung eines administrativen Beurteilungsspielraums, siehe nur *Gerhardt*, in: Schoch/Schmidt-Aßmann/Pietzner, VwGO, § 114 Rn. 69 m.w.N. Streitig ist nur, ob jenseits der Technischen Anweisungen der Behörde auch ein individuell ausfüllbarer Beurteilungsspielraum zukommen soll, dafür *Gerhardt* a.a.O., Rn. 68; *Gromitsaris*, VerwArch 88 (1997), S. 52 (77 ff.); ablehnend *Jarass*, BImSchG, § 5 Rn. 104; *Koch*, in: Koch / Scheuing, GK zum BImSchG, § 3 Rn. 12 sowie eingehend *Trute*, Vorsorgestrukturen und Luftreinhalteplanung im Bundes-Immissionsschutzgesetz, 1989, S. 304 ff., 314 ff. - Jedenfalls stellt *Sendler*, in: Berkemann u.a. (Hrsg.), Festschrift für Schlichter, 1995, S. 55 (84) eine "Annäherung" der immissionsschutzrechtlichen Genehmigung an eine Ermessensentscheidung fest.

36 *Wahl*, NVwZ 1991, S. 409 (413).

37 BVerwG v. 24.5.1996, NVwZ 1997, S. 489 (489 f.).

38 *Bullinger*, Beschleunigte Genehmigungsverfahren für eilbedürftige Vorhaben, 1991, S. 86; anschaulich auch BVerwG v. 12.12.1996, DVBl. 1997, S.708 (LS 2).

sein muß, konkretisieren kann[39]. Der Gedanke kooperativer Sachverhaltsermittlung paßt also im Planungsrecht besonders gut[40]. Schließlich besteht bei der Verkehrswegeplanung ein gesteigertes Bedürfnis des Vorhabenträgers an relativer Planungssicherheit, und zwar nicht nur wegen des räumlich großen Einwirkungskreises, sondern auch wegen der weiten Einwendungsmöglichkeiten der Betroffenen, die sich im Rahmen der Abwägung nicht nur auf eigene Rechte, sondern weitergehend auch auf bloße Belange, im Fall enteignungsbetroffener Eigentümer sogar auf öffentliche Belange berufen können[41]. Gegen dieses Argument spricht auch nicht, daß der Vorhabenträger in der Verkehrswegeplanung anders als der Antragsteller im Anlagengenehmigungsverfahren als juristische Person des Öffentlichen Rechts regelmäßig nicht grundrechtsberechtigt ist[42], denn hinter dem Bedürfnis des öffentlichen Vorhabenträgers an Planungssicherheit steht das gewichtige Interesse der Allgemeinheit an rationeller Durchführung gemeinwohlfördernder Vorhaben, das ebenfalls verfassungsrechtlichen Schutz verdient.

Schon differenzierter ist die Übernahme der materiellen Präklusion in das allgemeine Planfeststellungsrecht zu beurteilen[43]. Zwar werden hierdurch einerseits Planungsverfahren wie etwa die von Abfalldeponien (§ 7 Abs. 2 AbfG a.F.; § 31 Abs. 2 KrW-/AbfG), die den verkehrsrechtlichen in Komplexität und Großräumigkeit vergleichbar sind, vom Einwendungsausschluß erfaßt. Andererseits gibt es auch Planfeststellungsverfahren für Entscheidungen ohne Planungscharakter, die materiell z.T. als gebundene Entscheidungen zu qualifizieren sind, wie etwa die bergrechtliche Planfeststellung oder der Ausbau eines Gewässers nach § 31 WHG[44]. Gerade dieses Beispiel zeigt, daß das Planfeststellungsverfahren ein Spektrum durchaus unterschiedlich kom-

---

39 Zu beiden Argumenten zuletzt explizit BVerwG v. 24.5.1996, NVwZ 1997, S. 489 (490).

40 So spricht denn auch BVerwG v. 24.5.1996, NVwZ 1997, S. 489 (490 l. Sp.) ausdrücklich von einem "kooperativem Verständnis der Konfliktbewältigung", vgl. noch oben Teil B II 2.

41 Ähnlich BVerwG v. 24.5.1996, NVwZ 1997, S. 489 (490), das aber wiederum zu sehr im Sinne einer "Stärkung der Bestandskraft durch Präklusion" argumentiert.

42 So aber *Erbguth*, Grundfragen (Fn. 1), S. 266; *Jacoby*, Die Beschleunigung von Verwaltungsverfahren und das Verfassungsrecht, 1996, S. 86 ff.

43 Wie es durch die Übernahme der materielle Präklusion nach dem Vorbild des § 73 Abs. 4 S. 3 BVwVfG in die LVwVfGe der Fall sein wird.

44 *Gaentzsch*, in: Franßen (Hrsg.), Bürger-Richter-Staat, Festschrift für H. Sendler, 1991, S. 403 (419 ff.); *ders.*, in: Berkemann u.a. (Hrsg.), Festschrift für O. Schlichter, 1995, S. 517 (520); *Paetow*, FS Schlichter, S. 499 (505).

plexer und weiträumiger Entscheidungen abdeckt. Gleichwohl wird man die Anordnung der materiellen Präklusion im allgemeinen Planfeststellungsrecht mit der Typisierungsbefugnis des Verfahrensgesetzgebers legitimieren können, auch wenn sie im Einzelfall oder generell in bestimmten Sachbereichen eher wenig komplexe Entscheidungen betrifft. Wenn gerade in Reaktion auf das Planungsvereinfachungsgesetz mit Recht nach einer Vereinheitlichung des Verwaltungsverfahrensrechts auf einer mittleren Ebene gerufen wird[45], so muß man auch die materielle Präklusion als generellen Regelungsbaustein des Typs "Planfeststellungsverfahren" akzeptieren, sofern der gesteigerten Förmlichkeit dieses Verfahrens wenigstens typischerweise Komplexität und Planungscharakter der materiellen Entscheidung entsprechen.

3. Wasserrechtliche Genehmigungsverfahren

Die materielle Präklusion in den wasserrechtlichen Genehmigungsverfahren (Bewilligung und Erlaubnis) mancher Länder reicht dagegen weit stärker in den Bereich weniger komplexer und kleinräumiger Entscheidungen hinein. Deutlich wird dies, wenn man sich die Weite des Zulassungsvorbehalts gem. § 3 WHG vergegenwärtigt, der z.B. jedes Ableiten von oder Einleiten in oberirdische Gewässer sowie jedes Entnehmen, Zutagefördern etc. von Grundwasser erfaßt. Zwar kennen die Verfahrensrechte dieser Länder ein vereinfachtes Verfahren ohne Präklusionswirkung, vergleichbar mit §§ 4, 19 ff. BImSchG, §§ 18, 14 Abs. 4 GentG. Es gilt indes nur für die Erlaubnis, nicht für die Bewilligung, und nur für Benutzungen von wasserwirtschaftlich untergeordneter Bedeutung; weiterhin steht seine Anwendung im Ermessen der Behörde[46]. Ob also wasserrechtliche Genehmigungen in ihrer Typik als komplexe Entscheidungen oder gar als "Massenverfahren" bezeichnet werden können, erscheint eher zweifelhaft. Für die wasserrechtlichen Präklusionen spricht aber vor allem die geringe materiellrechtliche Determination der Genehmigungsentscheidungen, die im wasserwirtschaftlichen Bewirtschaftungsermessen zum Ausdruck kommt und der wasserrechtlichen Zulassung in manchem einen planungsähnlichen Charakter[47] verleiht[48].

---

[45] Vgl. *Wahl*, in: Blümel/Pitschas (Hrsg.), Reform des Verwaltungsverfahrensrechts, 1994, S. 84 ff. u. insbes. S. 101 zur materiellen Präklusion.

[46] § 108 Abs. 5 Nr. 1 WG BW.

[47] Dies ergibt sich schon aus dem Wortlaut von § 8 Abs. 4 WHG, etwa i.V.m. §§ 15, 16 WG BW; danach berücksichtigt die Behörde Einwendungen Privater, auch wenn sie nicht zu Rechten erstarkt sind, und kann sie gegenüber einem vorrangigen

4. Baugenehmigungsverfahren

Deutliche Zweifel bestehen dagegen an der Verfassungsmäßigkeit einer materiellen Präklusion zu Lasten der Angrenzer im Baugenehmigungsverfahren, wie sie durch § 55 Abs. 2 S. 2 LBO BW eingeführt worden ist. Die oben herausgearbeiteten spezifischen Strukturmerkmale, die die materielle Präklusion rechtfertigen können, weist die Baugenehmigung nicht auf: Sie ist geradezu das Musterbeispiel für eine kleinräumige, wenig komplexe Genehmigungsentscheidung, die die Behörde in aller Regel durch eigene Amtsermittlung in überschaubarem Zeitrahmen bewältigen kann. Wie bereits dargelegt, geht es dabei sachlich zumeist um Umstände, die nicht spezifisch in der Sphäre der Angrenzer liegen, sondern dem örtlichen Bauamt mindestens ebenso deutlich erkennbar sind. Auch das normative Entscheidungsprogramm der Baugenehmigung zeichnet sich nicht durch eine besondere Offenheit aus, sondern ist vielmehr strikt rechtsgebunden und in vielen Aspekten intensiv durchnormiert. Daher trägt der Grundgedanke kooperativer Sachverhaltsermittlung bei den meisten Angrenzereinwendungen nicht weit, jedenfalls wohl nicht weit genug, um die Lasten der Ausschlußwirkung für die Angrenzer zu rechtfertigen. Der zweite Rechtfertigungsstrang, der auf das Interesse des Antragstellers an relativer Planungssicherheit abhebt, paßt hier ebenfalls nur sehr eingeschränkt: Das Argument, wonach der Kreis potentieller Kläger für den Bauherrn überschaubar gehalten werden müsse, hat schon deshalb kaum Zugkraft, weil die Drittschutzjudikatur meist für eine recht genaue Eingrenzung sorgt[49]. Es wird weiter dadurch geschwächt, daß die Präklusion nur zu Lasten der Angrenzer, also des denkbar überschaubarsten und zugleich offenkundigsten Kreises an potentiellen Klägern gilt. Planungssicherheit erlangt

---

Nutzen aus der genehmigten Wasserbenutzung zurückstellen. Zur Abwägungsgeprägtheit wasserrechtlicher Entscheidungen *Gerhardt*, in: Schoch/Schmidt-Aßmann/Pietzner, VwGO, § 114 Rn. 69; *Gieseke/ Wiedemann/ Czychowski*, Wasserhaushaltsgesetz, 6. Aufl. 1992, § 6 Rn. 31 m.N. aus der Rspr.

[48] Daß die Verhältnismäßigkeit der materiellen Präklusion im Wasserrecht trotz ihrer langen Tradition bislang selten thematisiert wurde, mag sich damit erklären, daß der Drittschutz gegen wasserrechtliche Zulassungsentscheidungen vor der Grundsatzentscheidung BVerwG v. 15.7.1987, E 78, 40 ff. nur schwach entwickelt war, vgl. *Bender/Sparwasser/Engel*, Umweltrecht, 3. Aufl. 1995, § 4 Rn. 109. Ein neuerer Anwendungsfall in VGH Mannheim v. 22.3.1996, NVwZ-RR 1997, S. 88.

[49] So können regelmäßig nur Grundstückseigentümer, nicht aber Mieter klagen, ferner im Planbereich nur solche, deren Grundstücke innerhalb des Bebauungsplans liegen. Auch das Rücksichtnahmegebot ist nur bei individualisierter und qualifizierter Rücksichtnahmepflicht drittschützend, also wenn dem Bauherrn nicht zweifelhaft sein kann, auf wen er Rücksicht zu nehmen hat.

der Bauherr daher nur dann, wenn in der Angrenzerbeteiligung gar keine oder nur offensichtlich unbegründete Einwendungen erhoben werden und mit Klagen sonstiger Nachbarn nicht gerechnet werden muß. Eben dieses Maß an Sicherheit gewinnt er schon nach bisheriger Rechtslage nach Ablauf der einmonatigen Widerspruchsfrist, innerhalb der die Angrenzer gegen die ihnen zuzustellende Baugenehmigung vorgehen können. In Anbetracht der relativ kurzen Dauer durchschnittlicher Baugenehmigungsverfahren ergibt sich damit ein eher bescheidener Zeitgewinn für den Bauherrn, der oft nur einige Wochen betragen dürfte. Dementsprechend kommt im Rahmen der nach Art. 19 Abs. 4 GG gebotenen Abwägung auch dem Anliegen der Verfahrensbeschleunigung deutlich reduzierte Bedeutung zu, außer man sähe - u.E. unzulässigerweise - einen legitimen Zweck der Präklusion in der frühzeitigen Eliminierung an sich gut begründeter Nachbarklagen, die mit Hilfe des Suspensiveffekts oder einstweiliger Anordnungen[50] den Nachbar jahrelang am Bauen hindern könnten. Fragt man nach weiteren Argumenten, die in der Abwägung für die Rechtfertigung der materiellen Präklusion sprechen, so kommt höchstens noch ein Rückgriff auf die Figur des nachbarlichen Gemeinschaftsverhältnisses in Betracht, das vor allem unter Angrenzern zu besonderer gegenseitiger Rücksichtnahme verpflichtet und die - bei anderen Verwaltungsakten mit Doppelwirkung so nicht geltende - pauschale Rechtsverwirkung nach einem Jahr tatenlosen Zuwartens begründet[51]. Andererseits fallen zu Lasten der Präklusion die weiter oben erörterten Auslegungsschwierigkeiten bei der Bestimmung der konkreten Substantiierungslast sowie speziell bei § 55 Abs. 2 LBO BW die mit nur zwei Wochen äußerst knapp bemessene Einwendungsfrist ins Gewicht. Überdies steht möglicherweise sogar eine kontraproduktive Wirkung der Präklusionsnormen zu befürchten, wenn nämlich die umfassende Rügeobliegenheit bei den Angrenzern zum frühzeitigen Aufbau einer psychologischen Abwehrhaltung führt, die einer gütlichen Einigung im oder nach dem Genehmigungsverfahren eher hinderlich ist.

---

[50] In den Fällen von § 10 Abs. 2 BauGB-MaßnG; Nr. 1 Gesetz zur Beschränkung von Rechtsmitteln in der Verwaltungsgerichtsbarkeit, sowie künftig je nach Landesrecht i.S.v. § 80 Abs. 2 Nr. 3 VwGO.

[51] BVerwG v. 25.1.1974, E 44, 294 (299 ff.).

5. Investitionsvorranggesetz

Das Verfahren zur Erteilung eines Investitionsvorrangbescheids nach dem InVorG scheint schließlich auf den ersten Blick als einigungsbedingte Spezialmaterie mit den bislang besprochenen raumbezogenen Planungs- und Genehmigungsentscheidungen wenig gemein zu haben. Immerhin handelt es sich - und dies rechtfertigt überhaupt die Einbeziehung im Rahmen dieser Untersuchung - um ein praktisch äußerst bedeutsames Verwaltungsverfahren, auf das gem. § 26 InVorG das jeweilige LVwVfG, das LVwVG und das LVwZG anwendbar sind und das in einen Verwaltungsakt mit Doppelwirkung mündet, welcher ein mehrpoliges Verwaltungsverhältnis zwischen Verfügungsberechtigtem als Adressaten und Anmelder (= Alteigentümer) als Drittbetroffenem regelt[52]. Dieses Verwaltungsverhältnis schließt freilich nicht potentiell eine Vielzahl Betroffener wie im Raumverwaltungsrecht, sondern zumeist nur zwei Personen ein. Grundsätzlich andersartig ist vor allem der Regelungsgegenstand: Der Investitionsvorrangbescheid kann als privatrechtsgestaltender Verwaltungsakt des Wirtschaftsverwaltungsrechts bezeichnet werden. Seine privatrechtsgestaltende Wirkung besteht gem. §§ 2, 8 Abs. 1 InVorG unmittelbar im Entfallen der nach § 3 Abs. 3 - 5 VermG während des Rückübertragungsverfahrens nach dem VermG bestehenden, privatrechtlich wirkenden[53] Verfügungsbeschränkungen, ferner indirekt gem. § 11 Abs. 2 InVorG im Erlöschen des Rückübertragungsanspruchs des Anmelders mit der Veräußerung des Vermögenswerts aufgrund des Investitionsvorrangbescheids. Anders als die Rückübertragungsentscheidung der Vermögensämter nach dem VermG ist der Investitionsvorrangbescheid nach Entscheidungsmaßstab (vgl. die Tatbestandsmerkmale der §§ 2, 3, 7 Abs. 1 InVorG) und Funktion aber kein quasi-justizieller Rechtsentscheid über das Bestehen privatrechtlicher Ansprüche, sondern gehört dem Wirtschaftsverwaltungsrecht zu, da er Investitionen mit Blick auf Arbeitsplatz- und Wohnraumschaffung sowie Infrastrukturausbau fördern soll.

Trotz dieser vordergründigen Strukturunterschiede kann zur Rechtfertigung des Ausschlusses nach § 5 Abs. 2 und 3 InVorG durchaus auf im Rahmen der raumverwaltungsrechtlichen Präklusionen entwickelte Gedanken zurückgegriffen werden. So liegt eine wesentliche Rechtfertigung der Präklusion darin,

---

[52] *Kuhn*, in: Jesch/Ley/Racky, (Fn. 3), § 4 Rn. 13 ff.; vgl. ferner schon *Redeker*, VIZ 1991, S. 81.

[53] *Kuhn*, in: Jesch/Ley/Racky, (Fn. 3), § 4 Rn. 12.

daß die Behörde[54] den "Investitionskonzeptvergleich" i.S. des § 7 InVorG sinnvoll nur auf der Grundlage eines vom Anmelder vorgelegten Vorhabenplans anstellen kann. "Amtsermittlung" ohne vorausgehende Kooperation des Drittbetroffenen ist hier für eine wesentliche Tatbestandsvoraussetzung von vornherein sinnlos. Diese Begründung vermag freilich den Ausschluß verspäteten Vorbringens zunächst nur insoweit zu tragen, als dieses sich auf das eigene Investitionsvorhaben des Anmelders bezieht[55]; weiterhin läßt sich auch der Ausschluß verspäteter Glaubhaftmachung der (zivilrechtlichen) Berechtigung nach § 5 Abs. 2 S. 4 InVorG damit rechtfertigen, daß die entscheidende Stelle in den - verfahrensverzögernden - Konzeptvergleich überhaupt nur bei glaubhafter Berechtigung eintreten soll. Soweit jedoch nach der Auffassung des BVerwG[56] die Präklusion jedwede Einwendung des Anmelders erfassen soll, also auch die, daß hinsichtlich des Investitionskonzepts des Verfügungsberechtigten die Tatbestandsvoraussetzungen der §§ 2, 3 InVorG nicht vorliegen, muß eine andere Legitimation der Präklusion gesucht werden. Denn bei der Frage, ob etwa die vom Verfügungsberechtigten beabsichtigte Maßnahme wirklich Arbeitsplätze schafft oder ob seine Investitionszusage vertrauenswürdig ist, geht es um Umstände, denen der Anmelder nicht näher steht als die Behörde selbst. Zu ihrer Aufklärung mag er zwar im Einzelfall Nützliches beitragen können, die Behörde ist aber hierauf nicht typischerweise zur Ergänzung ihrer Amtsermittlung angewiesen[57]. Die umfassende Präklusion, wie sie das BVerwG annimmt, läßt sich daher in erster Linie nur auf das besondere Beschleunigungsanliegen des Gesetzgebers gerade bei der Lösung investitionsrelevanter Vermögensfragen in den neuen Bundesländern stützen[58]. Ferner könnte man damit argumentieren, daß der entscheidenden Stelle nach der Rspr. und h.M.[59] hinsichtlich der Genehmigungstatbestände der §§ 2, 3

---

[54] Das InVorG spricht von "Stelle", vgl. § 4 Abs. 1, 2 InVorG.

[55] So auch die 25. Kammer des VG Berlin v. 21.3.1994, OV spezial 1994 Nr. 21, S. 15; zustimmende Nachweise bei *Jesch*, in: Jesch/Ley/Racky, (Fn. 3), § 5 Rn. 29.

[56] V. 27.6.1995, VIZ 1995, S. 588 = DÖV 1996, S. 209. Vor dieser Entscheidung war die Reichweite der materiellen Präklusion unter den Instanzgerichten heftig umstritten; vgl. die Nachweise bei *Kuhn*, in: Jesch/Ley/Racky, (Fn. 3), Rn. 29.

[57] Bei öffentlichen Körperschaften, die als Verfügungsberechtigte selbst zugleich entscheidende Stelle sind (vgl. § 4 Abs. 2 InVorG), versagt diese Rechtfertigung der Präklusion vollends.

[58] Hierauf hebt auch der Regierungsentwurf (BTDrucks. 12/2480, S. 68) sowie die Rspr. ab; vgl. VG Berlin v. 2.9.1995, Az. 21 A 888/94.

[59] Vgl. die Darstellung und Nachweise bei *Kuhn*, in: Jesch/Ley/Racky, (Fn. 3), § 7 Rn. 49 ff., der selbst allerdings einen Beurteilungsspielraum ablehnt. Verneinend auch *Redeker*, VIZ 1991, S. 81 (84).

InVorG (insb. hinsichtlich der Eignung der Maßnahme zur Erreichung des Investitionszwecks und der wirtschaftlichen und persönlichen Vertrauenswürdigkeit des Vorhabenträgers) sowie des Konzeptvergleichs nach § 7 Abs. 1 InVorG weite Beurteilungs- und Prognosespielräume zukommen sollen und daß Einwendungen, die diese Punkte betreffen, sinnvoll nur durch die Behörde im Verwaltungsverfahren und nicht erst vor Gericht geklärt werden können. Jedenfalls aber erscheint die kurze Zwei-Wochen-Frist gem. § 5 Abs. 2 InVorG auch für Vorbringen zum Investitionskonzept des Verfügungsberechtigten unverhältnismäßig, wenn man berücksichtigt, daß die entscheidende Stelle den Konzeptvergleich ohnehin erst nach Vorlage des Vorhabenplans des Anmelders, für die er gem. § 5 Abs. 2 InVorG sechs Wochen Zeit hat, anstellen kann.

6. Fazit

Insgesamt zeigt sich, daß die beobachtete Ausweitung der materiellen Präklusion auf andere Verfahrens- und Sachzusammenhänge nicht pauschal mit Verweis auf die Grundsatzentscheidung des Bundesverfassungsgerichts im 61. Band als verfassungsrechtlich unbedenklich erklärt werden kann. Damit soll zwar nicht vorschnell die Verfassungswidrigkeit einzelner Präklusionsnormen behauptet werden. Es treten jedoch bei der nach Art. 19 Abs. 4 GG gebotenen Abwägung Gewichtsverschiebungen auf, die als solche bezeichnet werden müssen. Die beiden Grundgedanken der gegenseitigen institutionellen Rücksichtnahme von Verwaltungsverfahren und Verwaltungsprozeß, die eine konzentrierte Sachverhaltsermittlung im Verwaltungsverfahren erfordert, und des ausgewogenen Rechtsschutzes, der das Bedürfnis des Begünstigten an Planungssicherheit berücksichtigt, können Präklusionen bei räumlich und zeitlich komplexen Anlagengenehmigungen und Planungen, teilweise auch bei anderen, besonders strukturierten Entscheidungen wie dem Investitionsvorrangbescheid rechtfertigen. Wo hingegen - wie bei der Baugenehmigung und teilweise im InVorG - diese Gedanken in den Hintergrund treten und letztlich nur das Beschleunigungsanliegen als Hauptmotiv des Gesetzgebers bei der Schaffung von Präklusionen bleibt, muß deutlicher als bisher geschehen die Frage nach seiner legitimierenden Kraft gestellt werden[60].

---

[60] Kritisch zur Überbetonung des Beschleunigungsziels im Kontext der anderen Zwecke des Verwaltungsverfahrens *Wahl*, in: Blümel / Pitschas (Hrsg.), (Fn. 45), S. 115.

D. Materielle Präklusion und Gemeinschaftsrecht

Neuerdings wird das Institut der materiellen Präklusion von der Seite des Gemeinschaftsrechts mit einer ernsten Anfrage konfrontiert, und zwar in Gestalt des Urteils des EuGH vom 14.12.1995 in der Rechtssache Peterbroeck[1]. Im Tenor dieses Urteils stellt der EuGH auf eine Vorlage der Cour d'Appel Brüssel - verkürzt gesagt - die EG-Rechtswidrigkeit einer belgischen Verfahrensvorschrift fest, die es einem zulässig angerufenen Gericht verbietet, von Amts wegen die Vereinbarkeit eines innerstaatlichen Rechtsakts mit einer Norm des Gemeinschaftsrechts zu prüfen, wenn sich kein Verfahrensbeteiligter innerhalb einer bestimmten Frist auf diese Norm berufen hat. Dieses Urteil hat *v. Danwitz* im Sinne eines generellen Grundsatzes interpretiert, wonach die nationalen Gerichte Verwaltungsentscheidungen auf Verstöße gegen Gemeinschaftsrecht auch unabhängig von ihrer fristgemäßen Geltendmachung im Verwaltungsverfahren stets überprüfen können müßten. Hieraus hat er gefolgert, daß die deutschen Präklusionsnormen Rügen, die sich auf die Verletzung von Gemeinschaftsrecht stützen, von vornherein nicht mehr erfassen könnten[2]. Aus französischer Sicht hat auch *Woehrling* Zweifel an der Verein-

---

[1] Slg. 1995, I-4599 = DVBl. 1996, S. 249. In diesem Zusammenhang ist ferner das Urteil des EuGH, Slg. 1995, I-4705, vom selben Tage in der parallel verhandelten Rechtssache *van Schijndel* zu beachten. Hierin ging es um die Europarechtsverträglichkeit verschiedener Normen des Revisionsrechts im niederländischen Zivilgerichtsverfahren. Der EuGH entschied zum einen, daß nationales Revisionsrecht, welches zwischen vom Revisionsgericht von Amts wegen zu berücksichtigenden und von den Parteien zu rügenden Normen differenziert, die EG-Wettbewerbsregeln den erstgenannten Normen gleichstellen muß - also eine Folge des Diskrimierungsverbots, vgl. Urteil Rn. 13 ff. [ähnlich jetzt auch EuGH v. 24.10.1996, Slg. 1996, I-5403, (Rn. 55-58 - Kraaijeveld)]. Zum anderen hielt er den Grundsatz des niederländischen Revisionsrechts, wonach das Revisionsgericht auch bei amtswegiger Rechtsprüfung nur die von den Parteien in den Vorinstanzen vorgebrachten Tatsachen berücksichtigen dürfe und sich innerhalb des Streitgegenstandes halten müsse, für vereinbar mit den Anforderungen des gemeinschaftsrechtlichen Vereitelungsverbots. Aus dieser Entscheidung läßt sich wegen ihrer ganz anderen Ausgangssituation u.E. nichts gegen die Präklusionsnormen des deutschen Verwaltungsrechts herleiten; da aber durch die parallele Verhandlung und durch die aufeinander verweisenden Schlußanträge des Generalanwalts *Jacobs* (vgl. 2. Schlußanträge in der Rechtssache *Peterbroeck*, Slg. 1995, I-4614 ff.) ein innerer Zusammenhang zwischen den beiden Rechtssachen *Peterbroeck* und *van Schijndel* hergestellt wird, kann dieses Urteil im folgenden zur Verdeutlichung des Grundansatzes des EuGH herangezogen werden.

[2] UPR 1996, S. 323 ff. Offengelassen nunmehr in BVerwG v. 23.4.1997, Az.: 11 A 7.97, unter 2 e).

barkeit der deutschen materiellen Präklusionsnormen - die im übrigen von ihm durchaus wohlwollend besprochen werden - mit den Vorgaben des Urteils Peterbroeck geäußert[3]. Überhaupt hat dieses Urteil auch in der Literatur der übrigen Mitgliedstaaten bereits starke Beachtung gefunden[4].

Wenn die von den genannten Autoren gezogene Schlußfolgerung zuträfe, so wäre nicht nur die Präklusion von Einwendungen aufgrund von primärem Gemeinschaftsrecht und von EG-Verordnungen, sondern auch aufgrund nationaler Rechtsnormen, die EG-Richtlinien umsetzen, unmöglich. Es läßt sich unschwer absehen, daß damit die deutschen Präklusionsnormen im gesamten Bereich des Umweltrechts erheblich an Wirkung verlieren würden. Denn schon auf dem Boden der bisherigen Schutznormdogmatik finden sich im deutschen Umweltrecht leicht Beispiele für Abwehrrechte, hinter denen das Gemeinschaftsrecht steht. So müßte im Planfeststellungsrecht der enteignungsbetroffene Eigentümer Verstöße gegen gemeinschaftsrechtlich determiniertes Verfahrensrecht, namentlich gegen das UVP-Gesetz, aber auch gegen die materiellen naturschutzrechtlichen Anforderungen aus der Vogelschutz-

[3] La recherche d'une complementarité entre procédure administrative et procédure contentieuse en matière d'opérations d'urbanisme, demnächst in: Etudes foncières 1997.

[4] Aus den zahlreichen Besprechungen, die das Urteil *Peterbroeck*, teilweise zusammen mit dem Parallelurteil *van Schijndel*, in der ausländischen Literatur gefunden hat, sei insbesondere hingewiesen auf die ausführlichen Urteilsanmerkungen von *T. Heukels*, CMLR 1996, S. 337, von *D. Simon*, Journal du droit international 1996, S. 468, von *E. M. Barbieri*, Rivista italiana di diritto pubblico comunitario 1996, S. 692, von *A. Russo*, ebda., S. 701, und von *R. Caranta*, Giurisprudenza italiana 1996, P. I. Sez. I, S. 1289, und von *J. Roldan Barbero*, Revista de Instituciones Europeas 1996, S. 799. Alle sechs Autoren würdigen das Urteil *Peterbroeck* (bei *Heukels* und *Simon* zusammen mit dem Urteil *van Schijndel*) als Grundsatzentscheidung mit potentiell weitreichenden Konsequenzen in den nationalen Prozeßordnungen. Während *Heukels* die beiden Urteile insgesamt zustimmend bespricht und *Simon* sie vom Standpunkt des Gemeinschaftsrechts aus sogar als nicht weitgehend genug empfindet, diskutieren *Barbieri* und *Russo* eingehend und mit insgesamt kritischer Tendenz mögliche Auswirkungen des Urteils *Peterbroeck* auf das italienische Verwaltungsprozeßrecht (ohne eigene Wertung *Caranta*). Interessant ist insbesondere die zu den deutschen und italienischen Kommentatoren entgegengesetzte Perspektive von *Roldan Barbero*: Er würdigt den Grundansatz des EuGH in beiden Urteilen als ernsthaftes Bemühen um einen fallbezogenen Ausgleich zwischen den Grundsätzen des Vorrangs und der Wirksamkeit des Gemeinschaftsrechts einerseits und den materiellen Grundprinzipien der nationalen Rechtsordnungen, nämlich des Beibringungsgrundsatzes und des Rechtsschutzgebots andererseits. Vor allem anhand des Urteils *van Schijndel* will er gerade hierin den dogmatischen Fortschritt gegenüber einer bislang stärker auf Vorrang und Wirksamkeit des Gemeinschaftsrechts bedachten Rechtsprechung des EuGH sehen. Auch im Urteil *Peterbroeck* sieht er den Grundansatz bestätigt, da in jenem Urteil der EuGH das Gebot effektiven Rechtsschutzes als Grundsatz des Gemeinschaftsrechts *und* des jeweiligen nationalen Rechts gegen das diesem nicht genügende belgische Gesetz durchgesetzt habe, vgl. a.a.O., S. 812.

Richtlinie[5] und der FFH-Richtlinie[6] ungeachtet der Präklusionsfristen rügen können. Im Immissionsschutzrecht blieben zumindest Verstöße gegen solche - drittschützenden - Immissionsgrenzwerte, die bereits in EG-Richtlinien festgelegt sind[7], vom Einwendungsausschluß unberührt. Möglicherweise müßte man sogar die - drittschützende - Abwehr- und Schutzpflicht gem. § 5 Abs. 1 Nr. 1 BImSchG insgesamt als gemeinschaftsrechtlich determiniert ansehen[8] und damit alle hierauf gestützten Rügen von der Präklusion ausnehmen; entsprechendes würde dann für die Genehmigungsvoraussetzungen des Gentechnikrechts[9] gelten. Weiter ausbreiten müßte sich die Kategorie "präklusionsimmuner" Einwendungen schließlich dann, wenn der EuGH eines Tages tatsächlich eine Ausdehnung der Klagebefugnis auf gemeinschaftsrechtlich begründete Verfahrensrechte (z.B. die UVP) oder auf vorsorgebezogene Emissionsgrenzwerte und Qualitätsziele des EG-Gewässer- und Luftreinhaltungsrechts verlangen sollte[10].

---

[5] Vgl. insbesondere Art. 4 Abs. 4 S. 1 Rl. 79/409 und das dazu ergangene "Santoña"-Urteil des EuGH v. 2.8.1993, Slg. 1993, I-4221, wonach das Schutzgebot des Art. 4 Abs. 4 S. 1 Rl. 79/409/EWG auch dann eingreift, wenn ein Mitgliedstaat gemeinschaftsrechtswidrig die Ausweisung eines Vogelschutzgebiets unterlassen hat. Zu diesem Urteil eingehend *Iven*, NuR 1996, S. 373; *Czybulka*, in: Czybulka (Hrsg.), Naturschutzrecht und Landschaftsplanung in europäischer Perspektive, 1996, S. 39 (47 ff.); *ders.*, in: UTR Bd. 36 (1996), S. 235 (251 ff.); *Gellermann*, in: Rengeling (Hrsg.), Handbuch des europäischen und deutschen Umweltrechts (i.E.), § 79 Rn. 40.

[6] Namentlich die für in die Gemeinschaftsliste aufgenommene Gebiete geltenden Grundsätze des Verschlechterungsverbots (Art. 6 Abs. 2) und des Verträglichkeitsgebots (Art. 6 Abs. 3 S. 2). Vgl. hierzu auch die beiden Stellungnahmen der Kommission zur geplanten Ostsee-Autobahn A 20, ABl. Nr. L 178 vom 13.7.1995, und ABl. L 6/14 vom 9.1.1996. Zur unmittelbaren Wirkung der FFH-Rl. *Gellermann*, NuR 1996, S. 548 (555 ff.).

[7] Namentlich die Grenzwerte für Schwefeldioxid und Schwefelstaub (Rl. 80/779/EWG u. 89/427/EWG des Rates), für den Bleigehalt in der Luft (Rl. 82/884/EWG des Rates) und für Stickoxid (Rl. 85/203/EWG des Rates). Zur drittschützenden Wirkung der EG-rechtsbegründeten Immissionsgrenzwerte der 22. BImSchV siehe *Krings*, UPR 1996, S. 89 ff.; *Jarass*, BImSchG, § 48a, Rn. 9 m.w.N.

[8] Vgl. Art. 8 i.V.m. 3 lit. b) Rl. 96/61/EG des Rates (IVU-Richtlinie), bisher Art. 4 Nr. 2 Rl. 84/360/EWG des Rates.

[9] Vgl. §§ 13 I, 16 I GentG; Art. 6 Abs. 1, Art. 11 Abs. 2 Rl. 90/219/EWG des Rates; Art. 4 I, Art. 6 Rl. 90/220/EWG des Rates.

[10] Zur diesbezüglichen Diskussion vgl. statt vieler *Wahl / Schütz*, in: Schoch/Schmidt-Aßmann/Pietzner, VwGO, § 42 Abs. 2 Rn. 216 (allgemein) und 157 (speziell für das Immissionsschutzrecht) m.w.N. Allgemein zu den Unterschieden zwischen der deutschen Schutznormkonzeption und der des EuGH *v. Danwitz*, Verwaltungsrechtliches System und Europäische Integration, 1996, S. 230 ff.; *Rengeling / Middeke / Gellermann*, Rechtsschutz in der Europäischen Union, 1994, Rn. 1081 ff.; *Burgi*, Verwaltungsprozeß und Europarecht, 1996, S. 51 ff. Zu den einzelnen Emissionsgrenzwerten und Qualitätszielen des EG-Gewässer- und Luftreinhaltungs-

Das Rechtsinstitut der materiellen Präklusion würde also an sich in Frage gestellt, wenn es auf gemeinschaftsrechtlich begründete Einwendungen nicht mehr anwendbar wäre: Nicht nur müßte der Einwendungsausschluß, auch soweit er nur deutsches Recht betrifft, angesichts der Besserstellung aller gemeinschaftsrechtlich begründeten Rechtspositionen unter verstärkten Rechtfertigungsdruck geraten[11]. Vor allem ließen sich die mit den Präklusionsnormen verfolgten Ziele der Beschleunigung und der Schaffung relativer Planungssicherheit für die Beteiligten von vornherein nicht mehr erreichen, wenn in jedem Rechtsstreit zwischen gemeinschaftsrechtlich und national begründeten Rügen unterschieden werden müßte. Um so dringlicher gilt es also, das Urteil Peterbroeck eingehend darauf zu untersuchen, ob das Verdikt, das der EuGH über die belgische Fristvorschrift gesprochen hat, wirklich auch die Präklusionen des deutschen Verwaltungsrechts treffen muß[12].

I. Sachverhalt der Rechtssache Peterbroeck

Der zugrundeliegende Fall spielt im belgischen Finanzgerichtsverfahren. Die klagende Gesellschaft wandte sich gegen einen Steuerbescheid, der auf sie den für Gebietsfremde geltenden, im Vergleich zu einheimischen Gesellschaften höheren Steuersatz anwandte. Nach erfolgloser Beschwerde beim "directeur régional des contributions directes", einer übergeordneten Verwaltungsinstanz, erhob sie fristgerecht Klage vor der Cour d'Appel Brüssel. In diesem Gerichtsverfahren gilt nach dem belgischen Einkommenssteuergesetz eine Fristvorschrift, nach der Rügen, die weder in der Beschwerde vorgebracht noch vom "directeur" von Amts wegen geprüft worden sind, nur innerhalb von 60 Tagen ab Weiterleitung der Akten durch den "directeur" an

---

rechts siehe *Scherer/Heselhaus* in: Dauses (Hrsg.), Handbuch des EG-Wirtschaftsrechts, Abschnitt O, Rn. 92 ff., 120 ff.; *Ress*, Art. "Europäische Gemeinschaften", in: Kimminich u.a. (Hrsg.), HdUR, 2. Aufl. 1994, Band 1, Sp. 595 ff., 607 ff.

[11] *Schmidt-Aßmann*, DVBl. 1993, S. 924 (929, 930) spricht von einem "faktischen Anpassungsdruck" auch auf die nicht unmittelbar europarechtlichem Einfluß ausgesetzten Teile der nationalen Verwaltungsrechtsdogmatik. Zur grundsätzlichen Alternative in der weiteren dogmatischen Entwicklung zwischen "einspurigem" (Entwicklung auf das Europarecht hin) und "zweispurigem System" (Koexistenz von allgemeinem nationalem und europabeeinflußtem Sonderverwaltungsrecht) *Kadelbach*, in: v. Danwitz u.a. (Hrsg.), Auf dem Wege zu einer Europäischen Staatlichkeit, 1993, S. 131 (144 ff.); *Engel*, Die Verwaltung 25 (1992), S. 437 (475 ff.).

[12] Das BVerwG unterwirft ganz selbstverständlich auch Einwendungen aus Gemeinschaftsrecht der Präklusion, so zu Einwendungen aus der UVP-, Vogelschutz- und FFH-Richtlinie BVerwG Urt. v. 24.5.1996, vgl. aus dem Abdruck in NVwZ 1997, S. 489 die Passage unter I.1.

das Gericht in der Klageschrift oder einem eigenem Schriftsatz vorgebracht werden können; danach darf der entsprechende Gesichtspunkt vom Gericht auch von Amts wegen nicht mehr aufgegriffen werden. Die klagende Gesellschaft machte erstmals im Gerichtsverfahren, und zwar nach Ablauf der genannten Frist, einen Verstoß gegen die Niederlassungsfreiheit gem. Art. 52 EGV geltend, da sie mit einem höheren Steuersatz als eine belgische Gesellschaft besteuert werde. Dieses Vorbringen war nach der genannten Vorschrift des belgischen Einkommenssteuergesetzes verfristet und damit für die Cour d'Appel an sich unbeachtlich. In dieser Situation legte die Cour d'Appel dem EuGH die Frage vor, ob das Gemeinschaftsrecht der Anwendung dieser Fristregelung auf Rügen der EG-Rechtswidrigkeit eines innerstaatlichen Rechtsakts entgegenstehe.

II. Die Argumentation des EuGH

Ausgangspunkt der Argumentation des EuGH ist der Grundsatz, wonach mangels gemeinschaftsrechtlicher Regelungen der gerichtliche Rechtsschutz für gemeinschaftsrechtlich begründete Rechte der Bürger vor den nationalen Gerichten und dort nach nationalem Prozeßrecht erfolgt[13]. Sodann bestätigt der Gerichtshof die beiden bekannten Ausnahmen dieses Grundsatzes, die als "Diskrimierungs-" und "Vereitelungsverbot" bezeichnet werden können: Das nationale Prozeßrecht darf gemeinschaftsrechtlich begründete Klagen nicht ungünstiger behandeln als solche, die nur innerstaatliches Recht betreffen, und es darf die Ausübung der durch die Gemeinschaftsrechtsordnung verliehenen Rechte nicht unmöglich machen oder übermäßig erschweren. Der EuGH prüft die belgische Fristvorschrift nur anhand des Vereitelungsverbots, nachdem eine Diskrimierung bereits vom Generalanwalt *Jacobs* überzeugend ausgeschlossen worden war. Immer noch abstrakt auf diesen Obersatz bezogen betont der EuGH weiterhin, daß eine "übermäßige Erschwerung" der Rechtsdurchsetzung für jede einzelne nationale Verfahrensvorschrift in konkreter Betrachtungsweise zu prüfen ist. Dabei müssen die Stellung der Vorschrift im gesamten Verfahren, der Verfahrensablauf und seine Besonderheiten nach nationalem Recht sowie die Grundsätze des nationalen Rechtsschutzsystems, wie z.B. der Schutz der Verteidigungsrechte, der Grundsatz

[13] Zu diesem Grundsatz und zu den Ausnahmen des Diskriminierungs- und des Vereitelungsverbots s. Rn. 12 des Urteils *Peterbroeck* mit umfassenden Nachweisen der st. Rspr.

der Rechtssicherheit und der ordnungsgemäße Ablauf des Verfahrens, berücksichtigt werden[14]. Diese Formulierung ist als bedeutsame Ergänzung der bisherigen Judikatur des EuGH zum Vereitelungsverbot gewürdigt worden[15].

Die Prüfung der belgischen Fristvorschrift anhand des solchermaßen aufbereiteten Obersatzes nimmt der EuGH dann in gewohnt knapper und damit interpretationsoffener Diktion vor. Nach einem kurzen Hinweis darauf, daß eine Frist von 60 Tagen zwar grundsätzlich nicht zu beanstanden sei - dies ist, wie man nur aus den Schlußanträgen des Generalanwalts *Jacobs* herauslesen kann[16], ein Verweis auf die Rechtsprechung des EuGH zur Zulässigkeit nationaler Klagefristen[17] -, kommt er "aufgrund der Besonderheiten des fraglichen Verfahrens" schnell zur Unanwendbarkeit der Frist des belgischen Einkommenssteuergesetzes. Tragender Gesichtspunkt ist dabei, daß nach dem belgischen Rechtsschutzsystem in Steuersachen nur der "directeur", also eine nicht gemäß Art. 177 EGV vorlageberechtigte *Verwaltungsstelle*, als erste Beschwerdeinstanz den angegriffenen Steuerbescheid von Amts wegen umfassend auf Rechtsverstöße überprüfen kann. Dagegen hat das erste im Instanzenzug befaßte *Gericht*, obwohl es an sich zulässig angerufen worden ist, wegen des Ablaufs der Rügefrist keine Möglichkeit mehr, einen etwaigen Verstoß gegen Gemeinschaftsrecht von Amts wegen zu prüfen und - worauf es dem EuGH vor allem ankommt - gemäß Art. 177 EGV vorzulegen; auch zu einem späteren Zeitpunkt ist eine solche Prüfungs- und Vorlagebefugnis einer Gerichtsinstanz nicht mehr eröffnet[18]. Der in der EuGH-Judikatur bereits wiederholt betonte Grundsatz effektiven Rechtsschutzes vor nationalen Gerichten gegen Verletzungen des Gemeinschaftsrechts[19] verdichtet sich hier also zum Postulat, daß grundsätzlich im gegen einen staatlichen Rechtsakt er-

---

[14] Rn. 14 des Urteils und noch deutlicher Generalanwalt *Jacobs* in seinen Schlußanträgen, Rn. 39.

[15] *Heukels* (Fn. 4), S. 342; *Roldan Barbero* (Fn. 4); insoweit zustimmend auch *v. Danwitz*, UPR 1996, S. 323 (325 f.).

[16] Siehe dort, Rn. 29.

[17] EuGH v. 16.12.1976, Slg. 1976, 1989, Rn. 5 - *Rewe*.

[18] Rn. 17 - 19 des Urteils.

[19] So vor allem im Rahmen des einstweiligen Rechtsschutzes, vgl. EuGH v. 21.2.1991, Slg. 1991, I-415 (540) - *Zuckerfabrik Süderdithmarschen*; v. 19.6.1990, Slg. 1990, I-2433 (2473) - *Factortame*; hierzu *Triantafyllou*, NVwZ 1992, S. 129; allgemein *Schmidt-Aßmann*, in: Beyerlin (Hrsg.), Recht zwischen Umbruch und Bewahrung, Festschrift f. R. Bernhardt, 1995, S. 1283 (1298 ff.). Aus italienischer Sicht zu diesem Grundsatz zusammenfassend *Russo* (Fn. 4), S. 701 f. mit umfassenden Nachw. aus der italienischen Literatur.

öffneten Instanzenzug zumindest einmal ein Gericht Verstöße gegen das Gemeinschaftsrecht von Amts wegen aufgreifen können muß.

Freilich - und dies muß deutlich hervorgehoben werden - gelangt der EuGH zur Ablehnung der belgischen Fristvorschrift im Wege einer einzelfallbezogenen *Abwägung*, wie im Ansatz schon in der erwähnten Ergänzung des Obersatzes des Vereitelungsverbots, dann auf der Subsumtionsebene deutlicher in der letzten Teilziffer der Urteilsbegründung und noch expliziter in den Ausführungen des Generalanwalts zum Ausdruck kommt[20]. Im Rahmen dieser Abwägung fragt der EuGH, ob hinter dieser Vorschrift hinreichend bedeutsame Belange der Rechtssicherheit oder der Ordnung des Verfahrensablaufs stehen, die die Einschränkung der richterlichen Prüfungs- und Vorlagebefugnis rechtfertigen könnten, verneint dies aber für den vorliegenden Fall. Im Tenor bringt der EuGH dann nochmals zum Ausdruck, daß seine Antwort auf die Vorlagefrage nur "unter Voraussetzungen, wie sie durch das im Ausgangsrechtsstreit maßgebliche Verfahren vorgegeben waren", gilt[21]. Ein Blick auf die alte Rechtsprechung Rewe zur Zulässigkeit von Klagefristen und vor allem auf den Ausgang des Parallelverfahrens van Schijndel[22] zeigt, daß diese Abwägung in einem anderen nationalen Verfahrenszusammenhang durchaus auch zugunsten der nationalen Fristvorschrift ausgehen kann.

---

[20] Rn. 20 des Urteils; Rn. 40 der Schlußanträge des Generalanwalts *Jacobs*, denen der EuGH allerdings im Abwägungsergebnis nicht folgt. Diesen Ansatz einer pragmatisch-einzelfallorientierten Abwägung des EuGH betonen auch *Heukels* (Fn. 4), S. 337, 346, 349 und *Roldan Barbero* (Fn. 4). Demgegenüber werfen *v. Danwitz*, UPR 1996, S. 323 (326) und *Barbieri* (Fn. 4) S. 694 f. dem EuGH vor, entgegen der zunächst im Obersatz angekündigten Einzelfallprüfung im Ergebnis ein absolut-generelles Postulat amtswegiger Prüfungspflicht des Richters selbst nach Ablauf von Rügefristen aufzustellen.

[21] Rn. 21 des Urteils. Insofern unberechtigt die Interpretation von *v. Danwitz*, UPR 1996, S. 323 (326), wonach der EuGH ganz allgemein fordere, daß ein nationales Gericht stets zur amtswegigen Prüfung von Gemeinschaftsrechtsverstößen befugt sein müsse.

[22] Dort hielt der EuGH die Präklusion von nicht in den Vorinstanzen vorgebrachtem Tatsachenvorbringen in der zivilrechtlichen Revisionsinstanz für hinreichend gerechtfertigt durch den Grundsatz der Parteiinitiative im Zivilprozeß (Dispositions- und Beibringungsmaxime nach deutscher Dogmatik), durch den Schutz der Verteidigungsrechte und durch das Interesse an Ordnung und Beschleunigung des Verfahrens; zur Abwägung in diesem Urteil siehe Rn. 19 ff. des Urteils und insb. die Schlußanträge des Generalanwalts Rn. 18.

III. Die Auswirkung des Urteils Peterbroeck auf die Präklusionsvorschriften des deutschen Verwaltungsrechts

Im folgenden soll es nicht vordringlich darum gehen, die Argumentation oder das Ergebnis des EuGH in der Entscheidung Peterbroeck einer eingehenden Kritik zu unterwerfen[23]. Immerhin kann man insoweit in Übereinstimmung mit den gründlichen und überzeugenden Ausführungen des Generalanwalts *Jacobs* Zweifel daran anmelden, ob die belgische Frist wirklich ein unzumutbares Rechtsschutzhindernis für gemeinschaftsrechtlich begründete Rügen darstellt[24] und ob die im Ergebnis vom EuGH geforderte Begünstigung gemeinschaftsrechtlich begründeter Rechtspositionen gegenüber solchen des nationalen Rechts angemessen ist[25]. Auch der neue Grundansatz des EuGH, die nationale Verfahrensvorschrift in einer einzelfallbezogenen Abwägung unter Berücksichtigung des Gesamtkontextes und der Grundsätze des nationalen Rechts am "Vereitelungsverbot" zu messen, erscheint zwar auf den ersten Blick sympathisch[26]; man mag aber fragen, ob der EuGH eine so umfassende Analyse wirklich leisten kann und ob sie nicht zu einer übermäßigen Rechtsunsicherheit führen muß. Nachfolgend soll jedoch nur untersucht werden, ob der EuGH, mit den deutschen Präklusionsnormen konfrontiert, zu demselben Ergebnis wie in der Rechtssache Peterbroeck gelangen müßte oder ob sich zwischen den beiden Ausgangskonstellationen hinreichend gewichtige Unterschiede aufzeigen lassen, die in der vom EuGH anzustellenden Abwägung für eine Europarechtskonformität der materiellen Präklusion sprächen[27].

1. Parallelen

Dabei spricht auf den ersten Blick manches für die Übertragbarkeit des Urteils Peterbroeck. Die Parallele zwischen den Fristen des belgischen Finanz-

---

[23] Eine solche Kritik bei *v. Danwitz*, UPR 1996, S. 323 (325 ff.); vgl. auch *Schmidt-Aßmann*, Europäisches Verwaltungsverfahrensrecht, in: Müller-Graff (Hrsg.), Perspektiven des Rechts in der Europäischen Union (i.E.). Aus italienischer Sicht sehr kritisch *Barbieri* (Fn. 4) S. 694 f.; insgesamt mit kritischer Tendenz auch *Russo* (Fn. 4), insb. S. 709, 715 f.

[24] Schlußanträge zur Rechtssache *Peterbroeck*, Rn. 28 ff.

[25] Ablehnend Generalanwalt *Jacobs* in seinen Schlußanträgen zum Parallelfall *van Schijndel*, Rn. 27, 48.

[26] Vgl. die Zustimmung der in Fn. 15 genannten Autoren.

[27] Mit ähnlichem Ansatz bemühen sich *Barbieri* (Fn. 4), S. 696 ff., und *Russo* (Fn. 4), S. 709 ff. um eine einschränkende Interpretation des im Tenor als zu weitgehend empfundenen Urteils.

prozeßrechts und denen des deutschen Verwaltungsrechts reicht immerhin so weit, daß auch das deutsche Verwaltungsgericht, das ansonsten zulässig (insbesondere unter Einhaltung der Klagefrist) um Rechtsschutz gegen einen Verwaltungsakt angerufen worden ist, diesen nicht mehr umfassend und von Amts wegen auf Verstöße gegen das Gemeinschaftsrecht überprüfen und gegebenenfalls den Weg des Art. 177 EGV beschreiten darf, wenn der Kläger hierzu innerhalb einer der gerichtlichen Prüfung zeitlich vorgelagerten Frist keinen Sachverhalt vorgetragen hat. Auch muß man konzedieren, daß die deutschen Präklusionsfristen gegenüber den beiden anderen Konstellationen, die der EuGH als unbedenklich angesehen hat, nämlich dem Erfordernis einer Klagefrist im Verwaltungsprozeß[28] und der Beschränkung des Vorbringens in der Revisionsinstanz[29], eine andere Qualität haben, weil sie vom Betroffenen ein rechtswahrendes Tätigwerden schon vor Erlaß des Verwaltungsaktes verlangen. Insofern sind sie sogar strenger als die belgische Fristvorschrift, die erst 60 Tage nach Abschluß des verwaltungsinternen Widerspruchsverfahrens eingreift.

Zu kurz greift auch ein Abgrenzungsversuch, nach dem die belgische Norm - rein prozessual ansetzend - die Geltendmachung eines dem Kläger an sich zustehenden Rechts und damit korrespondierend die Prüfungsbefugnis des Gerichts beschränke, während im deutschen Recht aufgrund der Säumnis schon das materielle subjektive Recht des Klägers untergehe, ohne daß sich an den Grundsätzen der Amtsermittlung und amtswegigen Rechtsprüfung durch Behörde und Gericht etwas ändere[30]. Davon abgesehen, daß diese Argumentation schon nach deutscher Dogmatik nicht trägt[31], dürfte sich der EuGH auf eine solche feinsinnige Differenzierung zwischen prozessualer und materieller Ausschlußwirkung nicht einlassen; nach seinem rein prozessual bestimmten Konzept der "invocabilité" ist allein entscheidend, daß der einzelne sich vor Gericht hinreichend wirksam auf einen Verstoß gegen Gemeinschaftsrecht berufen kann[32].

---

[28] EuGH v. 16.12.1976, Slg. 1976, 1989, Rn. 5 - *Rewe*.

[29] EuGH v. 14.12.1995, Slg. 1995, I-4705 ff. - *van Schijndel*.

[30] Dieser Abgrenzungsversuch wird von *v. Danwitz*, UPR 1996, S. 323 (S. 326 f.) ausführlich erörtert und zutreffend verworfen.

[31] Vgl. oben Teil C I zu Art. 19 Abs. 4 GG als verfassungsrechtlichem Prüfungsmaßstab der Präklusion.

[32] Zu dieser prozessualen Sichtweise der "invocabilité" in der EuGH-Rechtsprechung *v. Danwitz*, Verwaltungsrechtliches System (Fn. 10), S. 231 ff.

2. Unterschiede

Erfolgversprechender dürfte es demgegenüber sein, auf zwei fundamentale Unterschiede zwischen dem belgischen Ausgangsfall und den deutschen Präklusionsnormen hinzuweisen:

a) Der erste betrifft den Gegenstand der jeweiligen Ausschlußwirkung.[33] In der Rechtssache Peterbroeck geht es - insoweit genau wie im Parallelfall van Schijndel[34] - um die befristete Geltendmachung von *Rechtsrügen*: In beiden Ausgangsfällen durfte nach nationalem Prozeßrecht das Gericht Rechtsfragen von Amts wegen nicht aufwerfen, die der Kläger nicht ausdrücklich angesprochen hatte[35]. Es handelt sich also um Einschränkungen des Grundsatzes "iura novit curia"[36]. Damit dürfte der "Rügebegriff" der genannten Vorschriften des belgischen Einkommensteuergesetzes der Rechtsfigur der "moyens" (Klagegründe) im französischen Verwaltungsprozeßrecht, die das Verwaltungsgericht nur nach ausdrücklicher Erhebung durch den Anfechtungskläger prüft, vergleichbar sein[37].

---

[33] Auf den nachfolgend ausgeführten Gesichtspunkt stützt auch *Barbieri* (Fn. 4), S. 696 ff. die von ihm vorgeschlagene einschränkende Interpretation des Urteils.

[34] Jedenfalls hinsichtlich der ersten Vorlagefrage. Erst in der zweiten Vorlagefrage geht es um das Nachschieben von *Tatsachen* zu diesen Rechtsfragen in der Revisionsinstanz; die diesbezüglichen Einschränkungen ließ der EuGH aber gerade unbeanstandet.

[35] Deutlich wird dies im Parallelfall *van Schijndel* an mehreren Stellen der Entscheidungsgründe, vgl. Rn. 12 (Wortlaut der 1. Vorlagefrage), Rn. 13 - 15 (Antwort des EuGH), sowie der Schlußanträge des Generalanwalts, vgl. Rn. 15, 33. Aber auch in der Rechtssache *Peterbroeck* zeigt die vom EuGH umformulierte Vorlagefrage, daß dieser die belgische Vorschrift als *Rechts*rügefrist versteht, die nur durch ausdrückliche Berufung auf die verletzte Norm gewahrt werden kann, vgl. Rn. 11: "wenn sich kein Verfahrensbeteiligter innerhalb einer bestimmten Frist auf die letztgenannte Vorschrift berufen hat."

[36] Vgl. die Schlußanträge von Generalanwalt *Jacobs* in *van Schijndel*, Rn. 33 ff., die sich explizit mit diesem Grundsatz auseinandersetzen.

[37] Die Erhebung der "moyens" erfordert im französischen Verwaltungsrecht nicht nur Sachvortrag, sondern auch eine ausdrückliche Rechtsrüge; nur die wenigen "moyens d'ordre public" prüft das Verwaltungsgericht von Amts wegen; siehe hierzu *Chapus*, Droit du contentieux administratif, 6. Aufl. 1996, Nr. 692; *Woehrling*, NVwZ 1985, S. 21 (24); *Degen*, Die Verwaltung 14 (1981), S. 157 (166 ff.). Freilich gibt es - anders als im belgischen Ausgangsfall - grundsätzlich keine Frist für die Erhebung von "moyens". Der Kläger muß innerhalb der Anfechtungsfrist lediglich sagen, ob er den Verwaltungsakt wegen formeller ("moyens de légalité externe") oder materieller Rechtswidrigkeit ("moyens de légalité interne") oder wegen beidem anfechten will, weil diese beiden Grobkategorien als verschiedene Streitgegenstände behandelt werden, siehe *Chapus* a.a.O., Nr. 582. Die Konzeption der "moyens" findet sich auch in Art. 173 EGV wieder; indes handhabt sie der EuGH großzügiger, vgl.

Demgegenüber verlangen die präklusionsbewehrten Einwendungsfristen des deutschen Verwaltungsrechts nicht, daß der Betroffene Rechtsvorschriften rügt; vielmehr muß er seine *sachliche Betroffenheit* anzeigen. Wie oben näher herausgearbeitet wurde, verlangt dies nur, aber auch gerade Tatsachenvortrag. Eine diesbezügliche Säumnis des Betroffenen führt im Verwaltungsprozeß zur Einschränkung des gerichtlichen Kontrollumfangs nur in tatsächlicher, nicht dagegen in rechtlicher Hinsicht. Ein Blick auf den belgischen Ausgangsfall bestätigt den Unterschied: Hier war die sachliche Betroffenheit des Klägers, die in seiner Steuerpflicht lag, der Behörde von Anfang an klar; diesbezüglich lieferte der Kläger nichts verspätet nach. Sein verspätetes Vorbringen war ein rein rechtliches, nämlich der Hinweis auf Art. 52 EGV.

b) Der zweite Grundunterschied betrifft die Struktur der Verwaltungsentscheidung, in deren Kontext die jeweiligen Präklusionsfristen stehen. Die Rechtssache Peterbroeck spielt im Abgabenrecht als einem Musterbeispiel klassischer, bipolarer Eingriffsverwaltung zwischen Finanzverwaltung und Abgabenpflichtigem. Dagegen sind die materiellen Präklusionsnormen des deutschen Rechts - jedenfalls typischerweise - Teil eines Verfahrens, das zu hochkomplexen, großräumigen Planungs- oder Anlagengenehmigungsentscheidungen führt. In diesen Verfahren stehen - wie bereits mehrfach hervorgehoben - die Behörde und der Antragsteller bzw. Vorhabenträger typischerweise einer unübersehbaren Vielzahl möglicher Einwender mit vielfältig konfligierenden Betroffenheiten gegenüber, die im Verwaltungsverfahren in einem vernünftigem Zeitrahmen möglichst umfassend aufgeklärt und ausgeglichen werden müssen.

3. Konsequenzen für die Abwägung

Diese beiden Grundunterschiede verschieben ganz entscheidend die Gewichte bei der vom EuGH vorzunehmenden Abwägung zwischen dem Interesse an effektiver Durchsetzung des Gemeinschaftsrechts einerseits und den hinter nationalen Präklusionsvorschriften stehenden Belangen andererseits:

So bringt die belgische Fristvorschrift, die einen ohnehin zulässig angefochtenen und damit rechtlich in der Schwebe befindlichen Steuerbescheid lediglich gegen bestimmte Rechtsrügen immunisiert, wenn überhaupt, so doch

---

Wenig, in: Grabitz/Hilf, Kommentar zur Europäischen Union, Art. 173 EWGV, Rn. 20.

nur einen äußerst geringen Gewinn an Rechtssicherheit; jedenfalls viel weniger Gewinn als das Versäumen der - vom EuGH ausdrücklich akzeptierten - Klagefrist, die einen Verwaltungsakt schlechthin unangreifbar macht. Sonstige legitimierende Gesichtspunkte waren dem EuGH offenbar nicht erkennbar; dabei ist er zu Recht davon ausgegangen, daß die gewisse Beschleunigung des Gerichtsverfahrens allein, die durch den Wegfall rechtlicher Prüfungspunkte erreicht wird, kein Selbstzweck sein darf.

Im Vergleich dazu stehen hinter den deutschen Präklusionsvorschriften viel gewichtigere Rechtfertigungsgründe: Zum einen die Notwendigkeit effektiver Gestaltung großräumiger, komplexer Massenverfahren, in denen die Behörde den Sachverhalt nur noch in Kooperation mit aktiv partizipierenden Bürgern sinnvoll aufklären kann; zum anderen ein gewichtiges Interesse an Rechts- und Planungssicherheit für Behörde und Vorhabenträger, die schon im Verwaltungsverfahren innerhalb angemessener Frist aus einer Vielzahl potentieller Betroffener und Betroffenheiten diejenigen erkennen müssen, auf die näher eingegangen werden muß und von denen andernfalls Gegenwehr droht[38]. Was diesen zweiten Aspekt angeht, so stehen die materiellen Präklusionsnormen - trotz der aufgezeigten Unterschiede - funktional der vom EuGH gebilligten Unanfechtbarkeit nach Ablauf der Klagefrist doch wesentlich näher als die Frist im Fall Peterbroeck.

Ferner ist im belgischen Ausgangsfall der Angriff auf den Geltungs- und Durchsetzungsanspruch des Gemeinschaftsrechts direkter und intensiver als im Fall der deutschen materiellen Präklusion: Vor dem Hintergrund, daß das Gemeinschaftsrecht im Bewußtsein der Bürger, aber auch der Anwälte und Behörden der Mitgliedstaaten oft noch immer nicht tief genug verankert ist, ist es verständlich, daß der EuGH die gerichtliche Durchsetzung des EG-Rechts im Einzelfall nicht davon abhängig sein lassen will, daß der Bürger oder sein Anwalt die EG-Rechtsvorschrift kennt und sich auf sie beruft. Auf das Prinzip "iura novit curia" ist gerade die junge, auf geschlossene nationale Rechtssysteme in komplexer Weise hineinwirkende Gemeinschaftsrechtsordnung in besonderem Maße angewiesen[39]. Der Einwendungsausschluß des deutschen Verwaltungsrechts läßt dieses Prinzip unberührt: Die Verwaltungsgerichte bleiben befugt und verpflichtet, die ihnen vorgelegten Sachverhalte

---

[38] Vgl. im einzelnen oben Teil B II 2 a.E.

[39] Dieser Aspekt mag im übrigen die von Generalanwalt *Jacobs* kritisierte Begünstigung des Gemeinschaftsrechts gegenüber dem nationalen Recht legitimieren.

umfassend am europäischen Recht zu messen. Wenn als Folge der materiellen Präklusion ein ganzer Sachverhaltskomplex nicht mehr gerichtlich überprüfbar ist, so wird davon der Geltungsanspruch des Gemeinschaftsrechts ebenso wie der des nationalen Rechts nur mittelbar getroffen, nicht viel anders, als wenn ein Verwaltungsakt nach Ablauf der Klagefrist unanfechtbar wird. Mit diesem Argument könnte man also das oben hervorgehobene Postulat des EuGH aus der Entscheidung Peterbroeck auch so formulieren: Im Instanzenzug gegen einen staatlichen Rechtsakt muß zumindest ein nationales Gericht *hinsichtlich des ihm zulässig unterbreiteten Sachverhalts* Verstöße gegen das Gemeinschaftsrecht von Amts wegen aufgreifen und gegebenenfalls dem EuGH vorlegen können.[40] Einem so verstandenen Postulat würden die deutschen Präklusionsnormen genügen.

4. Parallelwertung in der Rechtsprechung des EuGH?

Der in den deutschen Präklusionsnormen enthaltene Gedanke, daß in mehrpoligen Rechtsverhältnissen der Ausschluß von Drittklägern, die im Verwaltungsverfahren von ihren Beteiligungsrechten keinen Gebrauch gemacht haben, als Ausdruck *ausgewogenen* Rechtsschutzes gerechtfertigt sein kann, ist übrigens den Rechtsprechungsorganen der EG selbst durchaus nicht fremd. So kann sich nach ständiger Rechtsprechung bei Konkurrentenklagen im Kartell-, Antisubventions-, Antidumping- und Beihilfenaufsichtsrecht die individuelle Betroffenheit des Drittklägers i.S.v. Art. 173 Abs. 4 EGV daraus ergeben, daß diesem im vorausgehenden Verwaltungsverfahren vor der Kommission Beteiligungsrechte zustanden *und er diese auch wahrgenommen hat*[41]. Den bei diesem Obersatz naheliegenden Gegenschluß, daß nämlich Konkurrenten, die trotz bestehender Möglichkeit oder jedenfalls trotz förmlicher Beteiligungsrechte wie in Art. 93 Abs. 2 EGV im Verfahren vor der Kommission nicht in Erscheinung getreten sind, vor den europäischen

---

[40] Ganz ähnlich die einschränkende Interpretation des Urteils von *Barbieri* (Fn. 4), S. 697.

[41] Vgl. für das Kartellrecht: EuGH v. 25.10.1977, Slg. 1977, 1875 (1902 f., Rn. 13) - *Metro*; v. 11.10.1983, Slg. 1983, 3045 (3063, Rn. 14) - *Demo Studio Schmidt*; Antidumpingrecht: EuGH v. 20.3.1985, Slg. 1985, 849 (865 f., Rn. 12 ff.) - *Timex;* Subventionsrecht (Recht der unlauteren Handelspraktiken): EuGH v. 10.4.1983, Slg. 1983, 2913 (2935, Rn. 28) - *FEDIOL*; Beihilfenaufsichtsrecht: EuGH v. 28.1.1986, Slg. 1986, 391 (414 f., Rn. 23 ff.) - *Cofaz*; v. 24.3.1993, Slg. 1993, I-1125 (1185, Rn. 29 und insb. die Schlußanträge des Generalanwalt *Lenz*, 1163 ff., Rn. 80 ff.) - *CIFRS*.

Gerichten nicht klagebefugt sind, haben für den Bereich der Beihilfenaufsicht nach Art. 93 EGV die Generalanwälte *Lenz* und *Tesauro* in ihren Schlußanträgen zu den Rechtssachen CIRFS bzw. William Cook ausdrücklich gezogen[42]. Der EuGH mußte hierauf jedoch noch nicht eingehen[43]. Das EuG ist freilich in mehreren Urteilen dieser Argumentation, auf die sich die Kommission als Beklagte berief, explizit entgegengetreten und hat Konkurrenten als klagebefugt angesehen, obwohl sie ihre Verfahrensrechte nicht ausgeübt hatten[44]. Es bleibt abzuwarten, wie der EuGH diese Kontroverse entscheiden wird.

IV. Folgerungen für das deutsche Recht

Wenn somit das deutsche Verwaltungsrecht durchaus gute Chancen hat, seine Präklusionsnormen gegenüber dem Ausgangsfall der Entscheidung Peterbroeck überzeugend abgrenzen und vor dem Grundsatz der effektiven Durchsetzung des Gemeinschaftsrechts rechtfertigen zu können, so wird zugleich deutlich, daß neben dem Verfassungsrecht nun auch das Gemeinschaftsrecht Vorgaben an die Einführung materieller Präklusionen durch den Gesetzgeber ebenso wie an ihre Handhabung durch die Rechtsprechung stellt: So wird die Charakterisierung von Präklusionen als auf tatsächliche Betroffenheiten und nicht auf Rechtsrügen gerichtet nur solange überzeugen, wie man den von der Rechtsprechung statuierten Substantiierungslasten tatsächlich ohne Nennung und auch ohne Kenntnis gemeinschaftsrechtlich begründeter Rechtsvorschriften genügen kann. Tendenzen der Rechtsprechung, neben sachlichen Betroffenheiten nunmehr auch vom Kläger gerügte Verfahrensver-

---

[42] Generalanwalt *Lenz* in: EuGH, Slg. 1993, I-1125 (1163 ff., Rn. 80 ff., 88 ff., 100) - *CIFRS*, für das Beihilfe-Vorprüfungsverfahren, der allerdings auch die materielle Betroffenheit der Kläger verneinte; noch deutlicher bezogen auf das förmliche Beteiligungsrecht nach Art. 93 Abs. 2 EGV Generalanwalt *Tesauro* in: EuGH v. 19.5.1993, Slg. 1993, I-2487 (2512, Rn. 43) - *William Cook* - allerdings in einem obiter dictum. Die Argumentation klang schon an im Schlußantrag des Generalanwalts *Verloren van Themaat* in: EuGH Slg. 1986, 391 (405) - *Cofaz*, der vorschlug, *im Interesse der Rechtssicherheit der subventionierten Unternehmen* die Klagebefugnis einstweilen auf diejenigen Konkurrenten zu beschränken, die bei der Kommission Beschwerde gegen die Beihilfe erhoben hätten.

[43] In der Rechtssache *CIFRS* konnte der EuGH die Frage offenlassen, vgl. Slg. 1993, I-1125 (Rn. 31).

[44] Für das Fusionskontrollrecht: EuG v. 27.4.1995, Slg. 1995, II-1215 (1231 f., Rn. 35 f.) - *Sté. Générale des Grandes Sources*; v. 27.4.1995, Slg. 1995, II-1247 (1270 f., Rn. 46 f.) - *Vittel*. Für die Beihilfenaufsicht: EuG v. 27.4.1995, Slg. 1995, II-1281 (1307, Rn. 64) - *ASPEC*; v. 27.4.1995, Slg. 1995, II-1329 (1352, Rn. 49) - *AAC*.

stöße pauschal der materiellen Präklusion zu unterstellen[45], begegnen insoweit deutlichen Bedenken. In eine ähnlich problematische Nähe zum Rechtsrügeausschluß kann die Präklusion ferner dann geraten, wenn sie auch bei rechtlich stark durchnormierten Verwaltungsentscheidungen wie der Baugenehmigung eingeführt wird. Das Argument, daß Präklusionen zur effektiven Bewältigung des Verwaltungsverfahrens und zur Schaffung von Rechtssicherheit erforderlich sind, wird in dem Maße an Gewicht verlieren, in dem dieses Rechtsinstitut zu einem normalen Regelungselement auch kleinräumiger, einfacher gelagerter Verwaltungsverfahren wie etwa der Baugenehmigung avanciert. Somit finden sich in der gemeinschaftlichen Perspektive dieselben Problemfälle wieder, die schon aus verwaltungsrechtsdogmatischer und verfassungsrechtlicher Sicht deutlich geworden sind.

---

[45] Vgl. die oben Teil B bei Fn. 65 ff. zitierte Rspr.

E. Präklusionen im Landesrecht und bundesrechtlich begründete Einwendungen

Zunehmend wird die materielle Präklusion auch zum Institut des Landesverfahrensrechts. Sie kann hier nur dann effektiv sein, wenn sie so weit reicht, daß auch bundesrechtlich begründete Abwehransprüche säumiger Einwender materiell präkludiert sein können. Das wirft die Frage auf, ob ein solcher Ausschluß durch den Landesgesetzgeber angeordnet werden kann. Obwohl gewiß zwischen Bund und Ländern eine andere Ausgangslage besteht, kennt die soeben erörterte gemeinschaftsrechtliche Konfliktlage also auf bundesstaatlicher Ebene eine parallele Problematik. Der Ansatzpunkt für die Fragestellung liegt im *materiellen* Wirkungsgehalt dieser Normen, also ihrem Zugriff auf materielle Abwehransprüche - sei es rechtsvernichtend nach bisher überwiegendem Verständnis oder - nach dem oben näher erläuterten Verständnis - als Einschränkung ihrer gerichtlichen Geltendmachung in tatsächlicher Hinsicht: Der Landesgesetzgeber schwächt bundesrechtlich eingeräumte Ansprüche in ihrer Durchsetzungsfähigkeit.

Daß die Kompetenzfrage in der Vergangenheit soweit ersichtlich noch nicht problematisiert worden ist, mag sich daraus erklären, daß die materielle Präklusion bislang in den praktisch bedeutsamen Fällen ausschließlich bundesrechtlich angeordnet war[1]. Nunmehr drängt sich die Frage dort auf, wo das Landesrecht sie vorsieht, wie es neuerdings in Baden-Württemberg im Baugenehmigungsverfahren der Fall ist. Hier stützen sich die subjektiven öffentlichen Rechte von Nachbarn gegen Bauvorhaben in der Praxis vor allem auf bundesrechtliche Normen des Bauplanungsrechts[2]. Müßte man aus kompetenzrechtlichen Gründen die Wirkung der materiellen Präklusion in § 55 Abs. 2 S. 2 LBO auf landesrechtlich begründete subjektive öffentliche Rechte

[1] Wenn man einmal vom Wasserrecht als einzigem Rechtsgebiet mit schon länger bestehenden landesrechtlichen Präklusionen absieht; freilich war hier der Drittschutz aus den materiellrechtlichen Vorgaben des WHG traditionell schwach entwickelt, vgl. *Bender/Sparwasser/Engel*, Umweltrecht, 3. Aufl. 1995, § 4 Rn. 109. Vgl. auch oben Teil C Fn. 48.

[2] So im Falle des Nachbarschutzes aus §§ 31, 34 und 35 BauGB und dem in diesen Normen gründenden Rücksichtnahmegebot; ferner aus der Festsetzung von Baugebieten in Bebauungsplänen, die ebenfalls kraft Bundesrechts nachbarschützend ist, BVerwG v. 16.9.1993, E 94, 151.

begrenzen, wäre sie ihres vom Gesetzgeber intendierten Anwendungsbereichs weitgehend beraubt. Das Problem stellt sich in gleicher Weise bei den übrigen erwähnten Präklusionsnormen des Landesrechts und insbesondere bei der absehbaren Einführung des materiellen Einwendungsausschlusses in das Planfeststellungsrecht der Landesverwaltungsverfahrensgesetze.

Die besondere Schwierigkeit der kompetenzrechtlichen Zuordnung materieller Präklusionsnormen liegt darin begründet, daß sie an der Schnittstelle dreier Rechtsmaterien liegen: Sie knüpfen einerseits notwendig an das Verwaltungsverfahrensrecht an, nämlich an förmlich ausgestaltete, befristete Beteiligungsrechte der Betroffenen. Ihr Regelungskern greift aber über das Verwaltungsverfahren hinaus und erfaßt das materielle Recht, indem subjektive materielle Abwehransprüche in ihrer Rechtsdurchsetzung beschränkt werden. Diese materielle Wirkung kann schließlich - wie oben näher ausgeführt - nicht abstrakt vom Verwaltungsprozeß gedacht werden, sondern ist von vornherein auf diesen bezogen, indem der für den Richter maßgebliche Sachverhalt festgelegt wird. Diese Gemengelage zeigt sich auch an der Funktion materieller Präklusionsnormen: Es geht ihnen darum, in multipolaren (materiellen) Verwaltungsrechtsverhältnissen die Konfliktbewältigung zwischen den beiden Ebenen des Verwaltungsverfahrens und des Verwaltungsprozesses funktionsorientiert abzustimmen[3].

Für eine kompetentielle Zugehörigkeit der Präklusionsnormen zum materiellen Recht spricht zwar auf den ersten Blick ein Kehrseitenargument, wonach allein derjenige Gesetzgeber, welcher ein subjektives Recht begründet habe, auch seinen Ausschluß regeln dürfe. Ein solcher Schluß aus dem materiell-bundesrechtlichen Entstehungsgrund eines subjektiven Rechts auf die materiell-bundesrechtliche Natur seines Erlöschenstatbestandes wird bei der revisionsrechtlichen Qualifizierung des allgemeinen Verwirkungsgrundsatzes als Bundes- oder Landesrecht gezogen[4]. Im Gegensatz zu dem Verwirkungsgrundsatz und anderen Erlöschenstatbeständen knüpft die Präklusion jedoch an spezifisch verwaltungsverfahrensrechtliche Vorgänge an: Sie läßt sich losgelöst von Verfahren und Prozeß nicht konzipieren.

Aber auch an einer Zuordnung zum Kompetenzbereich des Verwaltungsverfahrensrechts bestehen Zweifel, wenn man die von der Rechtsprechung zur

---

[3] S. oben Teil C II 2.

[4] BVerwG v. 26.5.1967, E 27, 129; *Redeker/v. Oertzen*, Verwaltungsgerichtsordnung, 11. Aufl. 1994, § 137 Rn. 10.

Abgrenzung zwischen mehreren thematisch berührten Kompetenzbereichen verwendeten Auslegungskriterien zu Rate zieht[5]. So läßt sich nicht behaupten, daß materielle Präklusionen "spezifisch und unmittelbar" nur das Verwaltungsverfahren regelten und die materiellrechtliche Ausschlußwirkung nur als "mittelbare", "reflexhafte" Folge vorsähen[6]. Der materielle Ausschluß folgt eben nicht schon aus der "formellen" Präklusion, sondern muß vom Gesetzgeber besonders angeordnet werden, sei es ausdrücklich im Wortlaut (vgl. § 55 Abs. 2 S. 2 LBO BW), sei es unter Verwendung einer ganz bestimmten Gesetzesformulierung ("Einwendungen sind ausgeschlossen"). Kurz gesagt, der Gesetzgeber regelt in diesen Normen nicht nebenbei, sondern gezielt die materiellrechtliche Seite des Ausschlusses; auf sie kommt es ihm gerade an.

Am ehesten kann mit der Auffassung des BVerfG[7] noch der Kompetenzbereich des Verwaltungsprozeßrechts ausgeschieden werden, und zwar auch nach der oben dargestellten dogmatischen Konstruktion: Geregelt wird nicht ein erst im Lauf des Verwaltungsprozesses entstehender Ausschluß von Tatsachenvorbringen wie etwa in § 87b VwGO, § 296 ZPO; vielmehr kommt der

---

[5] Die Dogmatik ist bislang mit der Schwierigkeit, materielles Verwaltungsrecht von Verwaltungsverfahrensrecht abzugrenzen, und mit insoweit "doppelgesichtigen Regelungen" namentlich im Rahmen des Art 84 GG konfrontiert worden, dort freilich unter genau umgekehrten Vorzeichen, da es stets darum ging, ob primär materiellrechtliche Normen so sehr in den Bereich des Verwaltungsverfahrensrechts hineinragen, daß der Zustimmungsvorbehalt des Art. 84 GG ausgelöst wird. Daher lassen sich Judikatur und Schrifttum zu diesem Problemkreis für unseren Zusammenhang kaum fruchtbar machen. Vgl. vor allem *Lerche*, in: Maunz/Dürig, GG, Art. 84 Rn. 30 ff.; *Schulze-Fielitz*, DVBl. 1982, S. 328.

[6] Zu den Argumentationsfiguren der "unmittelbaren und spezifischen" Regelung bzw. der "mittelbaren, reflexhaften" Folgewirkung vgl. nur *Degenhart*, in: Sachs (Hrsg.), Grundgesetz, 1996, Art. 70 Rn. 51; *Scholz*, in: Starck (Hrsg.), Bundesverfassungsgericht und Grundgesetz, Festgabe BVerfG, Bd. II, 1976, S. 252 (267 f.), beide mit zahlreichen Nachweisen aus der Rspr. des BVerfG.

[7] Nach Ansicht des BVerfG regelt die materielle Präklusion nicht das Gerichtsverfahren. Die aus der Präklusion resultierenden prozessualen Folgen "haben ihren Ursprung in materiellrechtlichen oder das Verwaltungsverfahren regelnden Sachnormen", BVerfG v. 8.7.1982, E 61, 82 (111 f.). Die kompetenzrechtliche Qualifizierung zwischen Verfahrensrecht oder materiellem Recht konnte das Gericht dabei offenlassen, da die Verordnungsermächtigung des Atomgesetzes in der damals maßgeblichen Fassung die Regelung des Verwaltungsverfahrens "nach den Grundsätzen der §§ 17 bis 19 (...) der Gewerbeordnung" (heute heißt es: "nach den Grundsätzen (...) des § 10 BImSchG") umfaßte, also einen etwaigen materiellrechtlichen Gehalt der in § 17 Abs. 2 GewO aF (bzw. jetzt in § 10 Abs. 3 S. 3 BImSchG) bereits bestehenden Präklusion inkorporierte.

materielle Abwehranspruch von vornherein beschränkt vor den Verwaltungsrichter, nämlich festgelegt auf eine bestimmte Tatsachengrundlage[8].

Eine eindeutige Zuordnung zu einem Kompetenzbereich ist also nicht möglich. Eine Lösung wird man möglicherweise darin finden können, daß man den Landesgesetzgebern eine Kompetenz kraft Sachzusammenhangs dafür zuspricht, in ihrem Verwaltungsverfahrensrecht zugleich eine materielle Präklusion auch bundesrechtlich begründeter Abwehransprüche anzuordnen. Dabei kann auf die mit dieser Rechtsfigur verbundenen dogmatischen Streitfragen hier nicht näher eingegangen werden[9]. Der Sache nach wird ein kompetenzbegründender Sachzusammenhang mindestens dann bejaht, wenn die ausdrücklich dem Gesetzgeber zugewiesene Materie verständigerweise nicht geregelt werden kann, ohne daß die ihm nicht zugewiesene Materie mitgeregelt wird; das Übergreifen in den anderen Kompetenzbereich muß also "unerläßliche Voraussetzung" einer sinnvollen Gesamtregelung sein[10]. Dies

---

[8] Im Einklang hiermit bemüht sich BVerwG v. 18.9.1995, NVwZ 1996, S. 399 ff., um eine Abgrenzung der materiellen Präklusion von der *verwaltungsprozessualen* Regelung der Widerspruchsfrist und leitet daraus her, daß die dort eröffnete Möglichkeit der Widerspruchsbehörde, den verspäteten Widerspruch sachlich zu bescheiden und damit dem Widerspruchsführer über die nur *prozessuale* Sperre hinwegzuhelfen, bei der materiellen Präklusion nicht bestehe.

[9] So zum einen die Frage, ob diese Figur dem Gesetzgeber ein echtes Übergreifen in eine ihm vom Grundgesetz nicht ausdrücklich zugewiesene Aufgabe ermöglicht ("kompetenzexterne Wirkung"); so die Formel des BVerfG in einigen Entscheidungen, in denen aber konkret die Kompetenz immer verneint wird, vgl. BVerfG v. 16.6.1954, E 3, 407 (421); v. 28.2.1961, E 12, 205 (237); v. 30.10.1962, E 15, 1 (20 f.); ferner *Sachs,* in: ders. (Hrsg.), GG, Art. 70 Rn. 50 ff.; wohl auch *Kunig*, in: v. Münch/Kunig (Hrsg.), GG, Art. 70 Rn. 22 ff. oder aber nur ein besonderes Auslegungskriterium zur Entscheidung zwischen mehreren vordergründig einschlägigen Kompetenztiteln ist ("kompetenzinterne Wirkung"); so namentlich *Bullinger*, AöR 96 (1971), S. 237 (246 ff.); *Scholz*, Festgabe BVerfG II (Fn. 6), S. 252 (272); *Pestalozza*, in: v. Mangoldt/Klein/Pestalozza, Das Bonner Grundgesetz, 3. Aufl. 1996, Art. 70 Abs. 1, Rn. 109 ff.; die Figur gänzlich ablehnend *Stettner*, Grundfragen einer Kompetenzlehre, 1983, S. 429; *Köstlin*, Die Kulturhoheit des Bundes, 1989, S. 41 f.). Auch der Streit, ob der Begriff der "Annexkompetenz" eine eigenständige Kategorie (so vor allem *Stettner*, S. 430 ff.; *Köstlin*, S. 42 f.; *Degenhart*, in: Sachs, GG, Art. 70 Rn. 32; *Maunz*, in: Maunz / Dürig, GG, Art. 70 Rn. 49) oder aber einen bloßen Unterfall der Kompetenz kraft Sachzusammenhangs für bestimmte Fallgruppen - insbesondere Verfahrensnormen als Annex zu Sachregelungen - bezeichnet (so *Bullinger*, a.a.O., S. 243 f.; *Hesse*, Grundzüge des Verfassungsrechts der Bundesrepublik Deutschland, 20. Aufl. 1995, Rn. 236, *Kunig*, a.a.O., Rn. 26), kann hier auf sich beruhen. Die Fallgruppen, in denen dieser Begriff bisher verwendet wurde, führen hier nicht weiter.

[10] Auf die Tendenz des BVerfG, diese strengen Voraussetzungen durch großzügigere Formeln zu ersetzen, kann hier ebenfalls nur hingewiesen werden; vgl. *Bullinger*, a.a.O., S. 242 ff.; *Köstlin*, a.a.O., S. 40 ff.; *Pestalozza*, a.a.O. Rn. 112; sie

läßt sich mit folgender Argumentation bejahen: Auszugehen ist davon, daß die materielle Präklusion ein sinnvolles Regelungselement sein kann, das wegen der Eigenart seiner Funktion - Ausgleich von Rechtsschutzgewähr und Verteidigungslast zwischen Verwaltungs- und Gerichtsverfahren - konstruktiv notwendig aus dem Verfahrensrecht in das materielle Recht hinüberreicht. Akzeptiert man diese Prämisse, so erscheint überall dort, wo eine kompetentielle Divergenz zwischen Landesverwaltungsverfahrensrecht und materiellem Bundesrecht besteht, eine sinnvolle Regelung der materiellen Präklusion anders als durch das Landesgesetz kaum vorstellbar: Der Bundesgesetzgeber könnte die materielle Präklusion nicht selbst anordnen, da diese notwendig an den Ablauf einer landesverfahrensrechtlich normierten Frist anknüpft[11]. Allenfalls könnte man verlangen, daß das jeweilige Bundes-Fachgesetz den Landesgesetzgeber eigens dazu ermächtigt, hinsichtlich des einschlägigen materiellen Rechts eine materielle Präklusion vorzusehen. Ließe sich auf diese Weise vielleicht für den Fall der Baugenehmigung das Ziel einer möglichst umfassenden Ausschlußwirkung erreichen, indem eine solche Ermächtigung in die wichtigsten einschlägigen Bundesgesetze mit drittschützenden Gehalten wie etwa BauGB und BImSchG eingefügt würde, so müßte diese Regelungstechnik bei großräumigen Fachplanungen, die je nach Größe des Vorhabens eine Vielzahl von Rechtsmaterien berühren, versagen. Hier würde nur eine bundesrechtliche Norm, z.B. im BVwVfG, helfen, die pauschal den Landesgesetzgeber ermächtigte, im Planfeststellungsrecht Präklusionen auch mit Wirkung für materielles Bundesrecht vorzusehen; dies zu verlangen, erscheint allzu formalistisch. Schließlich läßt sich für die Bejahung einer Kompetenz kraft Sachzusammenhangs der Gedanke anführen, daß die materielle Ausschlußwirkung funktional insoweit auf das Verwaltungsverfahren bezogen bleibt, als sie als unverzichtbares Druckmittel zur Ermöglichung einer effektiven Öffentlichkeitsbeteiligung angesehen werden kann.

---

spricht in unserem Zusammenhang zusätzlich für die Annahme einer Landeskompetenz.

[11] Davon unbenommen bleibt zwar stets die Bundeskompetenz gem. Art. 84 GG zum Erlaß verwaltungsverfahrensrechtlicher Regelungen mit Zustimmung des Bundesrates, aber in diesem Falle müßte der Bundesgesetzgeber sinnvollerweise zumindest das gesamte Verfahren der Öffentlichkeits- bzw. Angrenzerbeteiligung, vielleicht sogar das Planfeststellungs- bzw. Genehmigungsverfahren insgesamt regeln, was weder im Bereich des Allgemeinen Verwaltungsrechts (vgl. § 1 Abs. 3 BVwVfG) noch des Baugenehmigungsverfahrens (Baurechtskompromiß) gewollt ist.

F. Ausschluß verspäteter Stellungnahmen von Behörden ("Behördenpräklusion")

I. Vorschriften

Eine wesentliche Ursache für die Verzögerung komplexer Genehmigungs- und Planungsverfahren soll darin liegen, daß die zu beteiligenden Behörden und Stellen, die, wie es etwa § 4 Abs. 1 BauGB formuliert, "Träger öffentlicher Belange sind", ihre Stellungnahmen häufig nur schleppend abgeben. Daher sehen zahlreiche Gesetze seit längerem vor, daß die Entscheidungsbehörde für diese Stellungnahme eine angemessene Frist zu setzen hat, deren maximale Dauer zuweilen ebenfalls normiert ist[1]. Die Praxis hat jedoch gezeigt, daß solche Fristen ohne Sanktion für ihre Überschreitung keine befriedigende Wirkung zeigen[2]. Im Zuge der Beschleunigungsgesetzgebung sind daher in letzter Zeit Regelungen entwickelt worden, die es der Entscheidungsbehörde erleichtern sollen, nach Ablauf einer solchen Frist das Verfahren weiterzubetreiben und sogar zum Abschluß zu bringen, ohne auf die verfristeten behördlichen Stellungnahmen warten zu müssen. Dabei lassen sich - mit kleineren Abweichungen im Wortlaut - drei sukzessiv entwickelte Typen von Vorschriften unterscheiden:

1. Formelle Unbedenklichkeitsregel

Der älteste Regelungstyp sieht vor, daß die Entscheidungsbehörde nach Fristablauf "davon ausgehen kann", daß von seiten der beteiligten Behörde keine Bedenken gegen das Vorhaben geltend gemacht werden[3]. Die Wirkung

---

[1] Beispiele: § 54 LBO BW; § 66 Abs. 1 S. 4 Hess. BauO; § 72 Abs. 2 S. 2 BauO NRW; § 11 S. 1 9. BImSchV; § 4 Abs. 1 S. 4 BauGB; in neuerer Zeit: § 9 Abs. 3 GenTVfV.

[2] *Steiner*, in: Blümel/Pitschas (Hrsg.), Reform des Verwaltungsverfahrensrechts, 1994, S. 151 (154 f.).

[3] So in § 27 Abs. 1 LandesverwaltungsG BW; § 54 LBO BW; ähnlich § 11 S. 2 9. BImSchV.

einer solchen Norm beschränkt sich auf das Verfahren[4]: Die Entscheidungsbehörde begeht keinen Verfahrensfehler, wenn sie nach Fristablauf nicht länger auf die Stellungnahme wartet, sondern das Verfahren weiterbetreibt. Ob dagegen die Behörde eine verspätet eingehende Stellungnahme inhaltlich bei der Entscheidung zu berücksichtigen hat, dazu sagen diese Regelungen nichts; nach den allgemeinen Grundsätzen der Amtsermittlungspflicht und der Gesetzesbindung der Verwaltung bleibt es hier bei der Berücksichtigungspflicht.

2. Fakultative Behördenpräklusion

Erstmals in § 2 Abs. 4 S. 4 BauGB-MaßnG findet sich die Wendung, daß Belange, die von den Trägern öffentlicher Belange nach den Sätzen 1 bis 3 nicht fristgemäß vorgetragen wurden, "in der Abwägung (...) nicht berücksichtigt werden" (müssen). Eine Ausnahme gilt für solche verspätet vorgebrachten Belange, "die der Gemeinde auch ohne (das) Vorbringen bekannt sind oder hätten bekannt sein müssen". Dieser Regelungstyp einer fakultativen Behördenpräklusion ist in die Verkehrswegeplanung durch das Verkehrswegeplanungsbeschleunigungsgesetz und das Planungsvereinfachungsgesetz sowie durch einige Landesstraßengesetze aufgenommen worden[5], wobei manche Normen die Sanktion bereits gegenüber Stellungnahmen nach Fristablauf[6], die übrigen dagegen erst für solche vorsehen, die nach dem Erörterungstermin eingehen. Vier der neuen Bundesländer haben ähnliche Re-

---

[4] So auch *S. Schulte*, VBlBW 1996, S. 289 (292) für § 54 LBO BW; *Wagner*, in: Hoppe (Hrsg.), UVPG-Kommentar, 1995, § 7 Rn. 30 (zu § 11 S. 2 9. BImSchV), Rn. 34 (zu § 4 Abs. 1 S. 3 BauGB), der insoweit von einer "formellen Präklusion" spricht; vgl. auch BVerwG v. 14.8.1989, NVwZ-RR 1990, S. 122 f. - Ebenfalls auf das Verfahren wird man die Wirkung des bisherigen § 4 Abs. 1 BauGB beschränken müssen - trotz seines undeutlicheren Wortlauts [die Gemeinde kann nach Fristablauf(...) "davon ausgehen, daß die von diesen Beteiligten wahrzunehmenden öffentlichen Belange durch den Bauleitplan nicht berührt werden"]. Wie hier interpretiert von *Gaentzsch*, in Schlichter / Stich (Hrsg.), Berliner Kommentar zum BauGB, 2. Aufl. 1995, § 4 Rn. 11. Ein ähnlicher Wortlaut findet sich im Recht des Baugenehmigungsverfahrens mancher Länder, vgl. Art. 76 Abs. 1 S. 3 Bay. BauO; § 73 Abs. 3 Nieders. BauO.

[5] § 17 Abs. 1 Nr. 1 S. 2 WaStrG; § 10 Abs. 4 S. 3 LuftVG; § 20 Abs. 2 S. 3 AEG; § 29 Abs. 4 S. 3 PBefG; § 37 Abs. 11 S. 3 StrG BW; § 39 Abs. 3 Bbg. StrG; § 45 Abs. 8 S. 3 StrG M.-V.; § 39 Abs. 6 SächsStrG; § 37 Abs. 6 S. 3 StrG S.-Anh.; § 38 Abs. 5 S. 3 ThürStrG. Auch hier herrscht wieder eine gewisse terminologische Verwirrung: Anders als § 2 Abs. 4 S. 4 BauGB-MaßnG handeln diese Normen von der Nichtberücksichtigung der "Stellungnahmen", sprechen indes im Ausnahmetatbestand wieder von dennoch zu berücksichtigenden "Belangen".

[6] So § 2 Abs. 4 S. 4 BauGB-MaßnG; § 17 Abs. 1 Nr. 1 S. 2 WaStrG; § 10 Abs. 4 S. 2 LuftVG.

gelungen in das Baugenehmigungsverfahren aufgenommen[7]. Nach diesem Regelungstyp soll die Sanktionswirkung des Fristablaufs über das Verfahren hinausgehen und die Behördenentscheidung selbst erfassen, indem das materielle Entscheidungsprogramm reduziert wird: Nicht nur die Stellungnahme, sondern auch der ihr zugrundeliegende Belang soll unberücksichtigt bleiben können[8]. Allerdings wird die Nichtberücksichtigung in das Ermessen der Entscheidungsbehörde gestellt.

3. Obligatorische Behördenpräklusion

Der sich in der neuesten Gesetzgebung durchsetzende Regelungstyp einer obligatorischen Behördenpräklusion sieht vor, daß verspätet vorgebrachte Belange[9] bzw. Stellungnahmen[10] nicht berücksichtigt werden, es sei denn, die vorgebrachten Belange sind der Entscheidungsbehörde bereits bekannt oder hätten ihr bekannt sein müssen oder sind für die Rechtmäßigkeit der Entscheidung von Bedeutung[11]. Hier hat die Behörde kein Ermessen mehr; der verspätet vorgebrachte Belang fällt zwingend weg. Als Ausgleich hierfür ist die Ausnahmeklausel erweitert worden. Dieser Typ gilt gem. § 73 Abs. 3a S. 2 BVwVfG nunmehr für das allgemeine bundesrechtliche Planfeststellungsver-

---

[7] § 69 Abs. 1 S. 3 LBO M.-V.; § 74 Abs. 2 Sächs. LBO; § 71 Abs. 3 S. 2 BauO S.-Anh.; § 67 Abs. 1 S. 2 Thür. BauO. Bemerkenswerterweise enthalten diese Vorschriften nicht den sonst vorgesehenen Ausnahmetatbestand für Belange, die die Entscheidungsbehörde ohnehin kannte oder hätte kennen müssen.

[8] Von einer "materiellen Präklusion" sprechen daher *Wagner*, in: Hoppe, UVPG (Fn. 4), § 7 Rn. 36, 39, 43; *Jäde*, UPR 1991, S. 50 (53); ebenso nimmt *Gaentzsch* in: BerlKomm z. BauGB (Fn. 4), § 4 Rn. 12 für § 2 Abs. 4 S. 4 BauGB-MaßnG eine "Ausschlußwirkung" an.

[9] So in § 4 Abs. 3 BauGB-1998 (Art. 1 des Entwurfs des Bau- und Raumordnungsgesetzes 1998 - BauROG, BRDrucks. 635/96 und 339/97; das unveränderte Inkrafttreten dieser Norm zum 1.1.1998 stand z.Zt. des Erscheinens bereits fest).

[10] So in den übrigen Vorschriften.

[11] § 71d Abs. 2, § 73 Abs. 3a S. 2 BVwVfG; § 4 Abs. 3 BauGB-1998 (Fn. 9); § 20 Abs. 1 S. 2 9. BImSchV ist als Soll-Vorschrift ausgestaltet. Wiederum finden sich Varianten im Wortlaut: § 4 Abs. 3 BauGB-1998 (Fn. 9): "Für die Rechtmäßigkeit der Abwägung"; § 20 Abs. 1 S. 2 9. BImSchV: "für die Beurteilung der Genehmigungsvoraussetzungen". Nur am Rande kann hier auf die Vorschrift des § 41 Abs. 2 S. 2 FlurberG hingewiesen werden; diese schon seit jeher bestehende Regelung geht über die hier vorgestellten sogar noch hinaus, indem sie für den Wege- und Gewässerplan als echte Planungsentscheidung (die als Planfeststellungsbeschluß ergeht, vgl. § 41 Abs. 3 FlurberG) einen zwingenden Ausschluß verfristet geltend gemachter öffentlicher Belange *ohne jede Ausnahme* vorsieht. Die Norm hat aber ersichtlich in der Rechtsprechung bislang keine Rolle gespielt und auch in der Literatur keine Beachtung gefunden.

fahren[12] und wird durch § 4 Abs. 3 BauGB-1998[13] im Bauleitplanungsverfahren eingeführt werden. Mit § 71d Abs. 2 BVwVfG, der die Durchführung eines Sternverfahrens für Genehmigungsverfahren zur Durchführung wirtschaftlicher Unternehmungen regelt, und - als Soll-Vorschrift abgeschwächt - mit § 20 Abs. 1 S. 2 9. BImSchV hält er auch Einzug ins Genehmigungsverfahrensrecht[14].

Die beiden letztgenannten Regelungstypen einer materiell wirkenden Behördenpräklusion finden ein praktisches Anwendungsfeld, das sich mit dem der klassischen Einwenderpräklusion weitgehend deckt (lediglich das Atom- und das Gentechnikverfahrensrecht kennen nur die Einwender-, nicht aber die Behördenpräklusion) und in zweierlei Hinsicht sogar erheblich weiter reicht: Erfaßt wird nämlich auch die Bauleitplanung und durch § 71d Abs. 2 BVwVfG - wenn diese Norm einmal in das Landesrecht übernommen ist - potentiell jede Genehmigungsentscheidung, sofern sie nur Vorhaben im Rahmen "wirtschaftlicher Unternehmungen" betrifft; dies kann jede Baugenehmigung sein[15]. Um so dringender verdienen sie, in ihrer Eigenart von der klassischen Einwenderpräklusion abgegrenzt und auf den genauen Bedeutungsgehalt der materiellen Ausschlußwirkung sowie auf ihre Verfassungsmäßigkeit hin untersucht zu werden.

II. Materielle Wirkung der Behördenpräklusion

Bei der Frage, welche konkrete materielle Wirkung die Präklusion von durch die Fachbehörde verspätet vorgebrachten öffentlichen Belangen haben kann, geht es zum einen darum, inwieweit das für die Behörde verbindliche materiell-rechtliche Entscheidungsprogramm objektiv reduziert wird. Da aber das Hauptaugenmerk bei Präklusionen generell auf ihre Auswirkungen im Verwaltungsprozeß gerichtet ist, soll zugleich nach Konstellationen gesucht werden, in denen diese objektive Reduktion nachteilige oder vorteilhafte Kon-

---

[12] Bedeutung wird er im Planfeststellungsrecht freilich erst nach der zu erwartenden Angleichung der VwVfGe der Länder sowie der oben genannten Sonderregelungen der Verkehrswegeplanung erlangen.

[13] Oben Fn. 9.

[14] Dabei setzt sich die oben festgestellte Divergenz zwischen Sanktionsregelungen, die an den Fristablauf [§ 4 Abs. 3 BauGB-1998 (Fn. 9)], und den anderen, die an den verstrichenen Erörterungstermin anknüpfen, fort.

[15] Eine schwierige Frage, der hier nicht weiter nachgegangen werden kann, betrifft das Verhältnis der §§ 71a ff. BVwVfG (bzw. künftig gleichlautender Vorschriften der LVwVfGe) zu Fachgesetzen, die das Genehmigungsverfahren regeln.

sequenzen für den Rechtsschutz einzelner von der Verwaltungsentscheidung Betroffener hat.

1. Eingrenzungen des Anwendungsbereichs der Behördenpräklusion

Dabei sind vorab zwei wichtige Eingrenzungen des Anwendungsbereichs der Behördenpräklusion hervorzuheben:

Erstens gilt die Präklusion nur für unverbindliche behördliche Stellungnahmen; dagegen greift sie dort nicht ein, wo die Entscheidung nur im Einvernehmen mit der zu beteiligenden Fachbehörde getroffen werden kann[16]. Wenn das Einvernehmenserfordernis mit Ablauf einer Frist entfallen soll, so normiert der Gesetzgeber dies in Form einer Genehmigungsfiktion[17]. Fälle eines bloßen Benehmens wie etwa nach § 12 Abs. 1 LNatSchG BW, das kein Einvernehmen, sondern nur eine Berücksichtigung der Stellungnahme verlangt, dürften dagegen grundsätzlich erfaßt sein[18].

Die zweite und wichtigere Eingrenzung des Anwendungsbereichs der Behördenpräklusion drückt das Gesetz im Regelungstyp der obligatorischen Behördenpräklusion damit aus, daß das verspätete Vorbringen "für die Rechtmäßigkeit der Entscheidung" nicht von Bedeutung sein dürfe. Damit kann nur gemeint sein, daß der Ausschluß sich von vornherein nicht auf solche Sachverhaltselemente beziehen kann, die für die Subsumtion zwingender Rechts-

---

[16] Vgl. z.B. § 36 BauGB; § 14 Abs. 3 WHG; § 9 Abs. 2 BFStrG und die entsprechenden landesstraßenrechtlichen Bestimmungen; § 7 Abs. 3 DenkmalSchG BW und die entsprechenden Vorschriften der anderen Bundesländer.

[17] Vgl. § 36 Abs. 2 S. 2 BauGB; § 2 Abs. 1 S. 3 VerkehrswegePlBeschlG; ferner verbreitet im Landesbauordnungsrecht (§ 54 Abs. 3 S. 3 LBO BW; Art. 76 Abs. 1 S. 4 Bay. BauO; § 71 Abs. 3 S. 2 Bbg. BauO; § 66 Abs. 2 S. 1 Hess. BauO; § 69 Abs. 1 S. 1 LBO M.-V.; § 72 Abs. 2 S. 1 BauO NRW; § 73 Abs. 5 Nieders. BauO; § 64 Abs. 5 S. 3 LBO Rh.-Pf.; § 71 Abs. 3 S. 1 BauO S.-Anh.; § 73 Abs. 1 S. 1 LBO S.-H.; § 67 Abs. 1 S. 1 Thür. BauO) sowie im Denkmalschutzrecht einzelner Länder (§ 21 Abs. 4 NRW DenkmalSchG; § 3 Abs. 3 Bbg. DenkmalSchG; § 7 Abs. 4 M.-V. DenkmalSchG). Umfassend hierzu jetzt *Jachmann*, Die Fiktion im Öffentlichen Recht, Habilitationsschrift Regensburg 1996 (i.E.).

[18] Zweifelhaft ist dies aber dort, wo das Gesetz wie in § 61 LNatSchG BW für den Fall, daß Entscheidungs- und beteiligte Fachbehörde sich nicht einigen, eine Weisung durch die nächsthöhere Behörde verlangt. Man könnte hier vertreten, daß diese Situation einem Genehmigungserfordernis qualitativ darin gleiche, daß die Entscheidungsbehörde sich aus eigener Befugnis nicht über die Stellungnahme der Fachbehörde hinwegsetzen dürfe. Für das Eingreifen der Behördenpräklusion spricht aber die Erwägung, daß bereits der Tatbestand des "Nicht-Einigseins" in § 61 LNatSchG BW eine nach den allgemeinen Verfahrensvorschriften fristgemäß erhobene, nicht präkludierte Stellungnahme der Fachbehörde voraussetzt.

vorschriften von Bedeutung sind[19]. Deutlicher als die übrigen Vorschriften bringt dies der Wortlaut des § 20 9. BImSchV zum Ausdruck, der von der "Beurteilung der Genehmigungsvoraussetzungen" statt pauschal von "Rechtmäßigkeit" der Entscheidungen spricht. An der Verpflichtung der Behörde, das Vorliegen von Tatbestandsvoraussetzungen einer Genehmigung umfassend zu prüfen und im Rahmen der Amtsermittlungspflicht bis zum Zeitpunkt der letzten behördlichen Entscheidung alle ihr bekannt gewordenen Tatsachen zu berücksichtigen, ändert sich also nichts. Bei Planungsentscheidungen bleiben strikte, durch Abwägung nicht überwindbare rechtliche Vorgaben von der Behördenpräklusion unberührt[20]. Dies gilt auch dann, wenn die Genehmigungs- bzw. Planungsbehörde wegen einer Konzentrationswirkung "fachfremde" Tatbestandsvoraussetzungen zu prüfen und hierzu die Stellungnahme der verdrängten Fachgenehmigungsbehörde einzuholen hat. Die Säumnis der Fachbehörde bleibt für diesen Fall ohne materielle Konsequenz; die Entscheidungsbehörde muß diese Tatbestände entweder selbst prüfen oder aber, wenn sie auf die Sachkompetenz der Fachbehörde nicht verzichten kann oder will, deren Stellungnahme abwarten. Die Unanwendbarkeit der Behördenpräklusion im Bereich zwingender Rechtsvorschriften muß im übrigen auch für die Vorschriften des zweiten Regelungstyps, also der fakultativen Behördenpräklusion gelten: Zwar sprechen diese Normen die Eingrenzung nicht ausdrücklich an; man muß sie aber so interpretieren, daß das Ermessen der Behörde im Bereich zwingender Rechtsvorschriften im Sinne einer Berücksichtigungspflicht reduziert ist.

2. Anwendungsfeld: Ausübung behördlichen Ermessens

Bedeutung erlangt die Behördenpräklusion also nur im Bereich des Ermessens im weitesten Sinne; dazu gehört auch und vor allem die planerische Ab-

---

[19] Die Begründung zum Regierungsentwurf des GenBeschlG vom 6.3.1996 (BTDrucks. 13/3995, S. 9) drückt dies etwas unpräzise so aus, daß "die Präklusion keinesfalls dazu führen kann, daß die Genehmigungsbehörde sehenden Auges rechtswidrige Genehmigungen erteilt", und daß "die Präklusionswirkung damit auf reine Zweckmäßigkeitserwägungen oder Interessenwahrnehmungen der Behörden beschränkt" sei.

[20] Dazu zählen insb. die "Planungsleitsätze" in der Terminologie des BVerwG, zwingende Versagungsgründe sowie materielle Rechtsbindungen in Gesetzen außerhalb des einschlägigen Fachplanungsrechts; vgl. *Gerhardt*, in: Schoch/Schmidt-Aßmann/Pietzner, VwGO, § 114 Rn. 30 ff. mit Beispielen.

wägung[21]. Für diesen Bereich ist ihre Wirkungsweise präziser zu definieren. Sie besteht in einer Modifikation des für die Ermessensausübung bzw. planerische Abwägung der Behörde objektiv erheblichen Sachverhalts: Diejenigen tatsächlichen Umstände, auf die die Fachbehörde erstmals verfristet hinweist und die sich der Entscheidungsbehörde auch nicht aufdrängten, können aus dem erheblichen Gesamtsachverhalt ausgeblendet werden; bei der obligatorischen Behördenpräklusion müssen sie es sogar. Die Behördenpräklusion setzt also - insoweit wie die klassische Einwenderpräklusion - beim entscheidungserheblichen Sachverhalt an und konturiert diesen normativ. Anders als jene wirkt sie aber nicht erst im Verwaltungsprozeß und nur subjektiv gegenüber dem einzelnen präkludierten Kläger. Vielmehr betrifft die partielle Ausblendung tatsächlicher Umstände die objektive Sachverhaltsgrundlage der Behördenentscheidung und wirkt damit auch für und gegen jeden Dritten[22]; in dieser objektiven Wirkung ist sie auch für die nachfolgende gerichtliche Kontrolle der Behördenentscheidung verbindlich. Diese objektiv-allseitige Wirkung der Behördenpräklusion, die sich von der relativen Wirkung der klassischen Einwenderpräklusion deutlich absetzt, folgt zum einen schon aus dem Wortlaut der einschlägigen Vorschriften, wonach statt von einem Einwendungsausschluß davon die Rede ist, daß verspätete Stellungnahmen von der Entscheidungsbehörde "nicht berücksichtigt" werden dürfen bzw. müssen. Sie läßt sich zum anderen auch deshalb gar nicht anders konstruieren, weil die Träger öffentlicher Belange, die sich verspätet äußern, in ihrer Eigenschaft als Behörden, in der sie bei der Behördenbeteiligung angesprochen werden, keinen subjektiven Abwehranspruch haben. Für eine subjektiv-relative Eingrenzung der Behördenpräklusion würde also das Bezugsobjekt fehlen. Die Normen über die Behördenpräklusion beziehen sich auch nicht auf die besondere Konstellation, in der dem beteiligten Träger öffentlicher Belange als eigener öffentlich-rechtlicher Körperschaft, etwa als Gemeinde, subjektive Abwehransprüche zustehen; diese sind vielmehr nach der klassischen materiellen Ein-

---

[21] Siehe die Begründung zum Regierungsentwurf des GenBeschlG a.a.O. (Fn. 19), die sich freilich nur auf § 71d BVwVfG, also auf den Zusammenhang der Genehmigungsentscheidung bezieht und mit der Wendung "Zweckmäßigkeitserwägungen" auch nur hierfür paßt. Wünschenswert wäre im Zusammenhang mit § 73 Abs. 3a S. 2 BVwVfG eine Klarstellung dahingehend gewesen, daß die Präklusion bei der Planfeststellung auch für Belange im Rahmen der Abwägung gelten kann.

[22] Auf diesen Unterschied zwischen Einwender- und Behördenpräklusion weist auch *Eckert*, Beschleunigung von Planungs- und Genehmigungsverfahren, 1997, S. 55 hin. Vgl. zur objektiven Wirkung ferner *Steiner*, in: Blümel/Pitschas (Hrsg.), (Fn. 2), S. 151 ff., 156.

wenderpräklusion ausgeschlossen, soweit die Körperschaft als solche in der Öffentlichkeitsbeteiligung Einwendungen nicht fristgemäß vorgebracht hat[23].

Die so definierte Wirkungsweise der Behördenpräklusion kann praktische Relevanz nach zwei Richtungen entfalten, die in den folgenden Kurzformeln zusammengefaßt werden können: a) Die Behörde handelt rechtmäßig, wenn sie das präkludierte Sachverhaltselement unberücksichtigt läßt, und b) Die Behörde handelt rechtswidrig, wenn sie das präkludierte Sachverhaltselement gleichwohl berücksichtigt.

a) Die Behörde handelt rechtmäßig, wenn sie das präkludierte Sachverhaltselement unberücksichtigt läßt

Diese Regel, die für die fakultative und für die obligatorische Behördenpräklusion gilt, kann anhand von Planungsentscheidungen besonders gut verdeutlicht werden, da sie sich relativ leicht in die Dogmatik der Abwägungskontrolle einbauen läßt. Danach begeht die Behörde keinen Abwägungsfehler, wenn sie einen öffentlichen Belang[24], der von einer Fachbehörde verfristet geltend gemacht wurde, nicht in die Abwägung einstellt, sofern sie von diesem Belang nicht selbst Kenntnis hatte und er sich ihr auch nicht aufdrängte. Diese Ausschlußwirkung kann sich auch im Verwaltungsprozeß zu Lasten eines Planbetroffenen auswirken, sei es bei der Normenkontrolle eines Bebauungsplans nach § 47 VwGO oder bei der Anfechtungsklage eines von der Enteignungsvorwirkung betroffenen Grundstückseigentümers gegen einen Planfeststellungsbeschluß, den dieser auch wegen nur auf öffentliche Belange bezogener Abwägungsmängel angreifen kann. Bei Lichte besehen wird hier lediglich eine Regel, die schon bisher zur Abwägungsbeachtlichkeit privater Belange galt[25], nunmehr ausdrücklich auf öffentliche Belange übertragen. Dabei war schon nach bisherigem Recht ein Plan wohl kaum wegen Nichtberücksichtigung eines öffentlichen Belangs aufzuheben, der sich der Planungsbehörde nicht aufdrängte, wenn dieser Belang erstmals im Verwaltungsprozeß zur Sprache kam. Unsicher war nur, ob die Planungsbehörde einen

---

[23] Vgl. die Rechtsprechungsnachweise in Teil B Fn. 51. Dies verkennt *Stüer*, DVBl. 1997, S. 326 (328), der die Bestimmung des § 71d Abs. 2 VwVfG auf Klagerechte von Trägern öffentlicher Belange beziehen will.

[24] Nachfolgend wird der Begriff "Belang" verwendet, weil er sich in den meisten Vorschriften der Behördenpräklusion wiederfindet; gemeint sind für die Abwägung erhebliche tatsächliche Umstände.

[25] Vgl. oben Teil B bei Fn. 98.

solchen Belang, wenn sie auf ihn zwar verfristet, aber doch noch vor Abschluß des Planungsverfahrens hingewiesen wurde, nachträglich einbeziehen (und damit das Verfahren verzögern) mußte[26] oder ihn, wie einen entsprechenden privaten Belang, außer acht lassen konnte[27]. Diese Frage ist jetzt in letzterem Sinne beantwortet: Öffentliche wie private Belange sind nur dann abwägungserheblich, wenn sie sich der Behörde aufdrängten oder im Planungsverfahren rechtzeitig geltend gemacht wurden.

Dieser materiellen Wirkung der Behördenpräklusion wird man nicht entgegenhalten können, daß die Nichtberücksichtigung des öffentlichen Belangs deshalb für die "Rechtmäßigkeit der Entscheidung" i. S. etwa von § 73 Abs. 3a S. 2 BVwVfG von Bedeutung ist, weil der Belang nach allgemeiner Abwägungs- und Ermessenskontrolle, wäre er der Entscheidungsbehörde rechtzeitig vorgebracht worden, in die Abwägung bzw. Ermessensausübung hätte einfließen müssen. Mit einer solchen Argumentation würde man den Vorschriften der Behördenpräklusion jeden Sinn nehmen[28].

b) Die Behörde handelt rechtswidrig, wenn sie das präkludierte Sachverhaltselement berücksichtigt

Diese Konsequenz, die sich nur bei einer obligatorischen Behördenpräklusion ergeben kann, ist problematischer, weil sie nicht an Vorbilder der bestehenden Dogmatik anknüpfen kann. Sie kann durchaus praktische Relevanz für konkrete Fallgestaltungen gewinnen: So ist es vorstellbar, daß der private Vorhabenträger[29] einer privatnützigen Planfeststellung (z.B. Gewässerausbau nach § 31 WHG durch privaten Unternehmer) gegen ihm ungünstige

---

[26] So *Gaentzsch*, BerlKomm. z. BauGB (Fn. 4), § 4 Rn. 11. Ebenfalls die unabhängig von fachbehördlichen Stellungnahmen fortbestehende Ermittlungspflicht der planenden Gemeinde stark betonend BVerwG v. 14.8.1989, NVwZ-RR 1990, S. 122 f.; kritisch hierzu *Sendler*, in Kormann (Hrsg.), Aktuelle Fragen der Planfeststellung, UPR-Special 7/94, S. 11 Fn. 5.

[27] So *Erbguth/Schink*, Kommentar zum UVP-Gesetz, 2. Aufl. 1996, § 12 Rn. 74a.

[28] Ebenso *Eckert*, Beschleunigung (Fn. 22), S. 55. Mißglückt ist daher der Wortlaut von § 4 Abs. 3 BauGB-1998 (Fn. 9), der als Ausnahmetatbestand Belange nennt, die für die "Rechtmäßigkeit der Abwägung" von Bedeutung sind (statt wie die übrigen Vorschriften: "für die Rechtmäßigkeit der Entscheidung").

[29] Oder auch ein öffentlicher Vorhabenträger, der einer anderen Körperschaft oder juristischen Person zugehörig ist als die Planungsbehörde und daher klagefähige Rechte gegen den Planfeststellungsbeschluß hat (Bundesbehörden oder Gemeinden als Vorhabenträger gegenüber Planfeststellung durch Landesbehörde; Deutsche Bahn AG gegenüber dem Eisenbahn-Bundesamt).

Auflagen klagt, die sich auf einen von der Planungsbehörde erstmals aufgrund einer verfristeten behördlichen Stellungnahme erkannten Umstand zurückführen lassen. Auch der enteignungsbetroffene Eigentümer könnte seine Anfechtungsklage gegen den Planfeststellungsbeschluß auf eine fehlerhafte, ihm nachteilige Berücksichtigung präkludierter öffentlicher Belange stützen. Ähnlich könnte ein Eigentümer im Verfahren nach § 47 VwGO rügen, daß im Bebauungsplan sein Grundstück, das ursprünglich als Teil eines Baugebiets vorgesehen war, nur wegen eines von der Behörde verspätet vorgebrachten Naturschutzbelangs als Fläche für eine Maßnahme zum Schutz der Landschaft oder einfach als bebauungsfreie Fläche ausgewiesen wurde. Beispielsfälle im Genehmigungsrecht (gegebenenfalls bei Anwendung des § 71d VwVfG[30]) sind ebenfalls denkbar. So könnte sich der Antragsteller dagegen wehren, daß das Bewirtschaftungsermessen bei der wasserrechtlichen Bewilligung oder Erlaubnis wegen eines verspätet vorgetragenen Umstandes zu seinem Nachteil ausgeübt wird. Der Bauherr könnte eine Baugenehmigung erstreiten, wenn diese nur deshalb versagt wird, weil sie, wie erst aus der verfristeten Stellungnahme der Naturschutzbehörde deutlich wird, einen unvermeidbaren und unausgleichbaren Eingriff i.S.v. § 8 Abs. 3 BNatSchG[31] darstellt.

Höchst unsicher ist dagegen, inwieweit in den aufgezeigten Konstellationen der Betroffene ein Rechtsschutzbedürfnis für seine Rüge hat, der präkludierte Aspekt habe nicht einbezogen werden dürfen. Unproblematisch läßt es sich nur für den Fall bejahen, daß der Antragsteller einer Genehmigung bzw. der Projektträger bei der Planfeststellung Anfechtungsklage gegen ihm ungünstige Auflagen i.e.S. erhebt, wenn bei einem Erfolg der ihm günstige Grundverwaltungsakt bestehenbleibt. Muß er dagegen die Genehmigung bzw. Planfeststellung insgesamt mit einer Bescheidungsklage angreifen, kann ihm ein Rechtsschutzbedürfnis nur dann zukommen, wenn die Präklusion auch für die nach der gerichtlichen Aufhebung folgende neue Sachentscheidung der Behörde fortwirken soll. Konkret gesprochen: Wenn der Bauherr gegen die Versagung der Baugenehmigung aus - präkludierten - naturschutzrechtlichen Gründen eine Bescheidungsklage erstritten hat, muß dann der präkludierte Umstand auch bei der erneuten Bescheidung der Behörde außer Betracht bleiben? Eine solche Fortwirkung liegt zwar auf den ersten Blick durchaus in der

30 Seine Übernahme ins Landesrecht unterstellt.

31 § 8 Abs. 3 BNatSchG sieht im Falle unvermeidbarer und unausgleichbarer Eingriffe eine echte Abwägungsentscheidung vor, BVerwG v. 27.9.1990, E 85, 348 (362); *Gassner/Bendomir/Kahlo*, BNatSchG, 1996, § 8 Rn. 46 f.

Konsequenz der Behördenpräklusion[32]; sie würde aber dann unplausibel werden, wenn - was eine ebenfalls ungeklärte Frage ist - auf ein Bescheidungsurteil hin die Behörde vor der erneuten Sachentscheidung auch das ganze Verfahren, insbesondere die Öffentlichkeits- und Behördenbeteiligung, zu wiederholen hätte. In diesem Fall wäre es wenig einleuchtend, wenn man die gesamte Sachverhaltsermittlung unter Einbeziehung aller Fachbehörden und der Öffentlichkeit nochmals neu aufrollen würde und dabei gerade ein längst bekannter Umstand erneut außer Betracht bleiben müßte. Jedenfalls nach erfolgreicher Anfechtungsklage des enteignungsbetroffenen Eigentümers gegen den Planfeststellungsbeschluß bzw. nach Feststellung der Nichtigkeit eines Bebauungsplans nach § 47 VwGO muß die Behörde das gesamte Planungsverfahren neu durchführen und dabei wohl auch den zunächst präkludierten Belang berücksichtigen; hier könnte aber im Einzelfall ein Rechtsschutzbedürfnis schon aus der verzögerten Realisierung der dem Kläger nachteiligen Planung sowie aus der Überlegung folgen, daß ein neues Planungsverfahren mit neuer Abwägung für den Kläger auch einen günstigeren Ausgang nehmen kann.

3. Der Ausnahmetatbestand für bekannte oder offensichtliche Belange

In welchem Maße die Behördenpräklusion in der Praxis Bedeutung gewinnen wird, dürfte entscheidend davon abhängen, wie die Verwaltungsgerichte den - sehr unbestimmten - Ausnahmetatbestand für solche Belange handhaben, die der Entscheidungsbehörde auch ohne die Stellungnahme der Fachbehörde "bekannt waren oder hätten bekannt sein müssen". Der Kläger, der die ihm günstige Nichtberücksichtigung eines öffentlichen Belangs einklagen will, dürfte schon Mühe haben, darzutun, daß dieser Belang der Entscheidungsbehörde selbst völlig unbekannt war, wenn die Gerichte hier nicht Aktenkundigkeit verlangen oder die Beweislast umkehren. Hinsichtlich der "Erkennbarkeit" eines öffentlichen Belangs liegt die Maxime auf der Hand, daß sie umso eher anzunehmen sein wird, je bedeutsamer er nach seiner Entdeckung erscheint; hier können namentlich verfassungsrechtliche Schutzpflichten ein-

---

32 Kein Argument gegen die Fortwirkung dürfte daraus folgen, daß die Behörde bei der erneuten Bescheidung zwischenzeitliche Änderungen der Sach- und Rechtslage berücksichtigen muß. Da der präkludierte Umstand bereits vor der ersten Behördenentscheidung bestand, hat sich die Sachlage nicht weiter geändert.

fließen[33]. Anwendungssicherheit für die Entscheidungsbehörden im Verwaltungsverfahren ist damit freilich noch nicht gewonnen. Wird hier ein tendenziell hoher Sorgfaltsmaßstab angelegt, so dürften die Behörden in der Praxis davor zurückschrecken, eine verspätet eingehende Stellungnahme einfach unberücksichtigt zu lassen, und statt dessen lieber versuchen, sie irgendwie in ihre Planung einzubauen und diese so "wasserdicht" zu machen, selbst wenn damit weitere Verfahrensverzögerung verbunden ist[34]. Letztlich schwingt bei der Auslegung dieses Ausnahmetatbestands die ganz grundsätzliche Frage nach dem richtigen verwaltungsorganisationsrechtlichem Konzept mit: Nach der klassischen Vorstellung von der "Einheit der Verwaltung", gepaart mit einem traditionell-strengen Verständnis der Amtsermittlung, müßte man von der Entscheidungsbehörde verlangen, jedenfalls im Ansatz alle relevanten Tatsachen selbst zu erkennen, oder sie zumindest dafür verantwortlich machen, durch Nachfragen und gegebenfalls Fristverlängerung nähere Aufklärung durch die Fachbehörden zu veranlassen[35]. Dagegen könnte aus einem modernen organisationsrechtlichen Konzept der pluralisierten Verwaltung folgen, daß Fachbehörden ihr Ressort stärker eigenverantwortlich zu betreuen haben und daß aus ihren Versäumnissen resultierende Gestaltungseinbußen in begrenztem Ausmaß hingenommen werden; dies könnte zu einem großzügigeren Sorgfaltsmaßstab führen[36].

4. Klassische Einwenderpräklusion und Behördenpräklusion

Mit der näheren Erörterung von Anwendungsbereich und Wirkungsweise der Behördenpräklusion wird zugleich deutlich, daß entgegen manchen An-

---

[33] Beispielhaft dafür, welche strengen Anforderungen an Sorgfaltspflichten der Verwaltung gerade im Zusammenhang mit dem Schutz der Gesundheit gestellt werden, ist die Rechtsprechung zur Amtshaftung bei Überplanung von altlastenverseuchtem Gelände, vgl. BGH v. 26.1.1989, Z 106, 323; v. 6.7.1989, Z 108, 224; v. 21.12.1989, Z 109, 380; v. 21.12.1989, Z 110, 1.

[34] So auch der Rat von *Sendler*, UPR-Special 7/94 (Fn. 26), S. 9 (12). Die ersten empirischen Ergebnisse zu § 2 Abs. 4 S. 4 BauGB-MaßnG bestätigen die Zurückhaltung der planenden Gemeinden bei der Handhabung der Präklusion, vgl. *Wagner/ Baumheier*, UPR-Special 7/94 (Fn. 26), S. 39 (55).

[35] Deutlich in diese Richtung etwa BVerwG v. 14.8.1989, NVwZ-RR 1990, S. 122 f.; *Bülow/Pfeil*, LKV 1994, S. 33 (38).

[36] An der Ungewißheit der Antwort auf diese Frage bestätigt sich der schon von *Wahl*, VVDStRL 41 (1983), S. 151 (164 Fn. 34), geäußerte Befund, daß es sich bei der Beteiligung der verschiedenen öffentlichen Stellen innerhalb einer pluralisierten Verwaltung um "eines der noch zu bewältigenden großen Themen der gegenwärtigen Verwaltungsrechtslehre" handele.

klängen in der Literatur[37] und seitens des Gesetzgebers selbst[38], die Behördenpräklusion mit der klassischen Einwenderpräklusion parallel zu setzen, die beiden Rechtsinstitute deutlich voneinander zu trennen sind[39]. Gemeinsame Grundlinie beider Ausschlußregelungen ist lediglich ihr Zugriff auf den entscheidungserheblichen Sachverhalt, während das im Einzelfall anwendbare Normprogramm unverändert bleibt. Im übrigen jedoch reicht die Wirkung der Behördenpräklusion teils weiter, teils weniger weit als die der Einwenderpräklusion: Einerseits wirkt sie nicht nur inter partes im Verwaltungsprozeß, sondern inter omnes als Modifikation der Tatsachengrundlage der Behördenentscheidung, die auch für deren gerichtliche Kontrolle verbindlich bleibt. Andererseits ist ihre Wirkung dadurch erheblich abgemildert, daß sie nur im Ermessensbereich und nur für der Entscheidungsbehörde nicht bekannte oder sich aufdrängende Umstände gilt.

Letztlich erklären sich diese Unterschiede daraus, daß beide Rechtsinstitute mit Behördenbeteiligung und Öffentlichkeitsbeteiligung an zwei verwaltungsverfahrensrechtliche Grundelemente anknüpfen, die ihrerseits in Gegenstand und Funktion grundverschieden sind: Gegenstand der Behördenbeteiligung sind nicht private Rechte, die den Einzelnen als Rechtsträgern zur eigenverantwortlichen Wahrnehmung zugeordnet und deshalb auch frei disponibel sind, sondern öffentliche Belange, die in ihrer Summe das öffentliche Interesse bilden, auf dessen Verwirklichung und Optimierung jedes Verwaltungsverfahren ausgerichtet ist. Die Fachbehörden bringen diese öffentlichen Belange im Verwaltungsverfahren nur als Sachwalter für die Allgemeinheit zur Geltung; daher können sie nicht frei über sie verfügen[40]. Aus der bloßen Sachwalterstellung der Fachbehörde, der kein subjektiver Abwehranspruch

---

[37] *Steiner*, in: Blümel/Pitschas (Hrsg.), (Fn. 2), S. 151 ff., 156, spricht von einem "engen systematischen Zusammenhang"; besonders deutlich auch *Wagner/Baumheier*, UPR-Special 7/94 (Fn. 26), S. 39 (54); *Stüer*, DVBl. 1997, S. 326 (328); vgl. ferner *Niehues*, in: Berkemann u.a. (Hrsg.), Festschrift für Schlichter, 1995, S. 619 (623, 628). Ferner die in Teil A Fn. 17 genannten Autoren.

[38] BR-Drucks. 635/96, S. 33.

[39] Besonders augenfällig wird die notwendige Differenzierung zwischen Einwender- und Behördenpräklusion bei Stellungnahmen anderer öffentlich-rechtlicher Körperschaften (insb. Gemeinden). Diese müssen, um ihr Klagerecht gegen eine Planfeststellung oder Genehmigung zu erhalten, wie Private im Rahmen der Öffentlichkeitsbeteiligung fristgemäß Einwendungen erheben. Andernfalls sind sie vor Gericht präkludiert, mögen sie auch ihre Stellungnahme *als Behörde* fristgemäß abgegeben haben; vgl. die Nachweise in Teil B Fn. 51.

[40] So auch *Jachmann*, Die Fiktion (Fn. 17), S. 604 des maschinenschriftlichen Manuskripts [Gliederungspunkt Teil 3 B III 3. b) (2) (b)].

zusteht, ergibt sich zugleich zwangsläufig, daß sich eine Präklusion ihres Vorbringens, soweit sie sich tatsächlich materiell auswirken soll, nicht wie bei der Einwenderpräklusion auf die subjektive Rechtsstellung eines einzelnen Säumigen begrenzen läßt[41], sondern objektiv wirken muß. Die Behördenpräklusion geht also nicht zu Lasten des Säumigen, sondern notwendig zu Lasten Dritter, nämlich stets der Allgemeinheit und unter Umständen auch einzelner rechtsschutzsuchender Drittbetroffener[42]. Weiter verdeutlichen läßt sich der Wesensunterschied zwischen beiden Rechtsinstituten in einer funktionalen Betrachtung: Zweck der Behördenbeteiligung ist nicht die Ermöglichung vorgezogenen Rechtsschutzes, sondern die Einbeziehung spezialisierten Behördensachverstands im Sinne der genannten Optimierung der berührten öffentlichen Belange. Während also die Einwenderpräklusion primär die Rechtsschutzfunktion des Verwaltungsverfahrens tangiert[43], betrifft die Behördenpräklusion dessen Verwirklichungsfunktion. Nun ist für den Rechtsschutz des einzelnen der Zwang, die eigenen Rechte fristgemäß geltend zu machen, nichts prinzipiell Unzumutbares; die objektive Verwirklichung eines wichtigen öffentlichen Belangs dagegen ist der Verwaltung grundsätzlich unabhängig davon aufgetragen, ob er innerhalb einer bestimmten Frist von einer Behörde artikuliert wird[44].

III. Verfassungsmäßigkeit der Behördenpräklusion

Nicht zuletzt aus den Eigenarten der Behördenpräklusion, die im Vergleich mit der klassischen Einwenderpräklusion deutlich geworden sind, nähren sich aus zwei verschiedenen Richtungen Zweifel an ihrer Verfassungsmäßigkeit:

---

[41] Siehe zur Amtsermittlung und zum materiellen Entscheidungsprogramm bei der Einwenderpräklusion oben Teil B V 1.

[42] Hierauf weisen auch *Sendler*, UPR-Special 7/94 (Fn. 26), S. 9 (13) und *Eckert*, Beschleunigung (Fn. 22), S. 54 f. hin.

[43] Zwar kommt auch der Öffentlichkeitsbeteiligung neben der Rechtsschutz- zugleich eine Verwirklichungsfunktion zu; diese bleibt aber bei der Einwenderpräklusion eben deshalb gewahrt, weil Amtsermittlungspflicht und Entscheidungsprogramm vom Einwendungsausschluß objektiv unberührt bleiben; vgl. hierzu oben Teil B V 1.

[44] Ähnlich *Ronellenfitsch*, Beschleunigung und Vereinfachung der Anlagenzulassungsverfahren, 1994, S. 115; *Eckert*, Beschleunigung (Fn. 22), S. 55.

1. Rechtsstaatsprinzip

Zum einen wird vertreten, daß die Nichtberücksichtigung eines "an sich" entscheidungserheblichen Belangs nur wegen einer verfristeten Stellungnahme gegen den Grundsatz behördlicher Amtsermittlung sowie speziell bei Planungen gegen das Abwägungsgebot, also beidesmal gegen Ausprägungen des Rechtsstaatsprinzips verstoße[45]. Gegen die Prämisse dieser Argumentation, daß die beiden genannten Grundsätze im Kern verfassungsrechtlich abgesichert sind, ist zwar zumindest hinsichtlich des Abwägungsgebots nichts einzuwenden[46]. Die Schlußfolgerung hieraus berücksichtigt aber nicht hinreichend, daß auch öffentliche Belange stets in einem konkret geregelten Verwaltungsverfahren konkretisiert und umgesetzt werden müssen; bei der Regelung dieses Verwaltungsverfahrens hat der Gesetzgeber einen Gestaltungsspielraum, in dessen Rahmen er auch andere, konfligierende Ziele wie die Organisation einer Entscheidungsfindung in angemessener Zeit und mit vertretbaren Ressourcen[47] verfolgen muß. Angesichts des eingeschränkten Anwendungsbereichs und der Ausnahmetatbestände der Behördenpräklusion wird man eine Überschreitung dieses Gestaltungsspielraums wohl nicht konstatieren können[48]. Dieses Ergebnis wird im übrigen durch die oben vorgenom-

---

[45] *Ronellenfitsch*, Beschleunigung (Fn. 44), S. 85 ff., 114 ff. Ebenso *Erbguth*, JZ 1994, S. 477 (479 f.).

[46] Unbestritten ist der Rechtsstaatsgehalt des Abwägungsgebots, vgl. nur BVerwG v. 11.12.1981, E 64, 270 (272 f.). Vgl. jetzt auch BVerfG v. 17.7.1996, NJW 1997, S. 383 ff., in dem das BVerfG sogar an die Verkehrswegeplanung durch den Gesetzgeber selbst unter Berufung auf Art. 14 Abs. 3 GG die gewohnten Maßstäbe der Abwägungslehre anlegt. - Schon diffiziler ist die Verfassungsbegründetheit des Amtsermittlungsgrundsatzes im Verwaltungsverfahren zu beurteilen: Die noch immer h. M., daß dieser Grundsatz in der Gesetzesbindung der Verwaltung (Art. 20 Abs. 3 GG) wurzele [vgl. dazu *J.P. Schneider*, Nachvollziehende Amtsermittlung bei der Umweltverträglichkeitsprüfung, 1991, S. 186 f.; *Berg*, DV 9 (1976), S. 161 (165); *Stelkens*, in: Stelkens/Bonk/Sachs, VwVfG, § 24 Rn. 1; *Kopp*, VwVfG, § 24 Rn. 1] paßt uneingeschränkt nur für die klassische Eingriffsverwaltung. Dagegen ist mittlerweile erkannt worden, daß etwa im Genehmigungsverfahren mit UVP das Prinzip nur eingeschränkt als "nachvollziehende Amtsermittlung" gilt (so eingehend entwickelt von *J.P. Schneider*, a.a.O., insb. S. 126 ff.) und sich das Verfahren in Teilbereichen der Leistungsverwaltung der Verhandlungsmaxime des Zivilprozeßrechts annähert (*Stelkens*, in: Stelkens/Bonk/Sachs, VwVfG, § 24 Rn. 1); daher zu Recht vorsichtiger *Clausen*, in: Knack (Hrsg.), Verwaltungsverfahrensgesetz, 5. Aufl. 1996, § 24 Rn. 2.

[47] Zur verfassungsrechtlichen Fundierung der Verfahrensbeschleunigung allgemein jetzt eingehend *Jachmann*, Fiktion (Fn. 17), S. 559 ff., insb. 574 ff. [Gliederungspunkt Teil 3 B III 1 b) (3)].

[48] Für die Verfassungsmäßigkeit zumindest der fakultativen Behördenpräklusion auch *Sendler*, UPR-Special Nr. 7/94 (Fn. 26), S. 9 (12 f.); *Bullinger*, Beschleunigte Genehmigungsverfahren für eilbedürftige Vorhaben, 1991, S. 87. Zurückhaltend zur ähnlichen Problematik der Verfassungsmäßigkeit von Fiktionen bei Mitwirkungsakten

mene Analyse der Wirkungsweise der Behördenpräklusion bestätigt: Die Regel, daß die Entscheidungsbehörde rechtmäßig handelt, wenn sie verfristet vorgebrachte (und sich nicht aufdrängende) öffentliche Belange außer Betracht läßt, nimmt lediglich eine Linie auf, die schon in der bisherigen Rechtsprechung zur Abwägungskontrolle angelegt war. Hieran wird deutlich, daß schon bisher in der planungsrechtlichen Dogmatik aus dem Rechtsstaatsprinzip kein einseitig maximiertes Gebot umfassender Ermittlung des Abwägungsmaterials hergeleitet wird, sondern daß bei der Definition des Abwägungserheblichen auch der Gesichtspunkt der Verfahrensbeendigung in angemessener Zeit einfließen kann.

2. Grundrechtliche Schutzpflichten

Zum anderen wird vertreten, daß die Behördenpräklusion generell solche öffentlichen Belange nicht erfassen dürfe, hinter denen eine grundrechtliche Schutzpflicht des Staates stehe, wie etwa beim Gesundheitsschutz aus Art. 2 Abs. 2 S. 1 GG; solche Belange seien nämlich für den Gesetzgeber nicht disponibel[49]. Mit dieser Argumentation wird zwar nicht die Verfassungswidrigkeit der Behördenpräklusion schlechthin behauptet, aber doch eine verfassungskonforme Reduktion ihres Anwendungsbereichs gefolgert. In der Logik dieses Schlusses von der Unverfügbarkeit einer verfassungsrechtlichen Schutzpflicht auf ihre fristungebundene Geltendmachung im Verwaltungsverfahren würde es liegen, ihn auch auf weitere Grundrechte, vor allem auf das Eigentumsrecht, und auch auf den Verfassungsauftrag des Art. 20a GG zu übertragen; damit würde man die Behördenpräklusion weitgehend ihrer praktischen Relevanz berauben. Zwar setzen verfassungsrechtliche Schutzpflichten

---

anderer Behörden *Jachmann*, Fiktion (Fn. 17), S. 601 ff. [Gliederungspunkt Teil 3 B III 3 b) (2) (b)] sowie - indirekt - zu den hier behandelten Normen S. 658 ff. [Teil 3 B III 5 b)], die eine Abwägung des Gesetzgebers zwischen Beschleunigungsanliegen und gegenläufigen grundrechtlichen Schutzpflichten verlangt, aber dem Gesetzgeber dabei ebenfalls eine Typisierungsbefugnis zugesteht. Ebenfalls die Verfassungsmäßigkeit bejahend *Jacoby*, Die Beschleunigung von Verwaltungsverfahren und das Verfassungsrecht, 1996, S. 74 ff.

[49] *Steiner*, in: Blümel/Pitschas (Fn. 2), S. 156 f; *Erbguth/Schink* (Fn. 27), § 12 Rn. 74a. Mit derselben Tendenz auch *Jachmann*, a.a.O. (Fn. 17), allerdings nur für Art. 2 Abs. 2 S. 1 wegen der "überragenden Bedeutung des Gesundheitsschutzes"; *Jäde*, UPR 1991, S. 50 (53) m.w.N. Eine ganz andere Frage ist es, ob der Ausschluß auch insoweit gelten kann, als die verspätete behördliche Stellungnahme zugleich private Belange anspricht. Diese können nur dann unberücksichtigt bleiben, wenn sie auch von ihren privaten Trägern nicht fristgemäß geltend gemacht wurden (und sich auch nicht aufdrängen); vgl. hierzu *Sendler*, UPR-Special, Nr. 7/94 (Fn. 26), S. 9, 11.

einer Nichtberücksichtigung der ihnen zugeordneten öffentlichen Belange sicherlich Grenzen. Andererseits bedürfen auch solche Schutzpflichten stets der einfachrechtlichen Ausgestaltung im Verwaltungsverfahren, die auch konfligierende Grundrechte und sonstige Verfassungsgüter berücksichtigen muß. Entscheidend ist, ob das Verwaltungsverfahren in seinem gesamten Regelungszusammenhang hinreichende Gewähr dafür bietet, daß verfassungsbegründete Belange angemessen geprüft und berücksichtigt werden können. Hierbei sind unter anderem die Dauer der Fristen für behördliche Stellungnahmen und ihre Verlängerungsmöglichkeiten, aber auch die für Behördenpräklusionen geltenden Ausnahmetatbestände zu berücksichtigen; so wird die Rechtsprechung im Bereich des Gesundheitsschutzes besonders strenge Anforderungen an die Erkennbarkeit verspätet vorgebrachter Belange stellen[50]. Dagegen dürfte es wenig weiterführen, bei diesem sich entwickelnden verwaltungsrechtlichen Institut sogleich eine scharfe dogmatische Trennlinie zwischen "verfassungsgeprägtem" und sonstigem, einfachem Verwaltungsrecht zu ziehen[51]. Denn letztlich lassen sich im heutigen Verwaltungsrecht die meisten Interessenkonflikte auf widerstreitende Verfassungspositionen zurückführen, obwohl mancher "nur einfachrechtlich" begründete Belang im konkreten Fall durchaus schwergewichtiger sein kann als diese.

IV. Fazit

Mit dem materiellen Ausschluß behördlicher Stellungnahmen hat der Gesetzgeber ein schwieriges Feld beschritten. Dies zeigt sich schon an dem qualitativ ganz andersartigen Gegenstand und Zweck der Behörden- gegenüber der Öffentlichkeitsbeteiligung, weshalb sich zur Einwenderpräklusion nur bedingt dogmatische Verbindungslinien ziehen lassen. Dies wird weiterhin deutlich an den sich abzeichnenden Auslegungsproblemen des Ausnahmetatbestands für öffentliche Belange, die der Behörde bekannt waren oder hätten bekannt sein müssen. Theoretisch lassen sich zwar durchaus einschneidende, auch im verwaltungsgerichtlichen Rechtsschutz bedeutsame Ausschlußwir-

---

[50] Vgl. in diesem Sinne Beschlußempfehlung und Bericht des Ausschusses für Raumordnung, Bauwesen und Städtebau - 16. Ausschuß - v. 12.3.1990, BTDrucks. 11/6636, S. 29 r. Sp.

[51] Vgl. allgemein zur Selbständigkeit des einfachen Verwaltungsrechts trotz seiner Verfassungsprägung *Wahl*, NVwZ 1984, S. 401 ff., insb. 406 ff.; *Schmidt-Aßmann*, in: B. Bender (Hrsg.), Rechtsstaat zwischen Sozialgestaltung und Rechtsschutz, Festschrift für K. Redeker, 1993, S. 225 ff.

kungen vorstellen; ihre praktische Relevanz läßt sich aber noch nicht zuverlässig abschätzen. Selbst wenn man davon ausgeht, daß der Hauptzweck der vorgestellten Regelung in der Verfahrensbeschleunigung liegt und ihr materieller Gehalt nur ein Druckmittel im Hinblick auf zügige Stellungnahmen der Fachbehörden sein soll, erscheint es angesichts der aufgezeigten Anwendungsunsicherheiten eher fraglich, ob dieser Zweck erreicht wird[52].

---

[52] Skeptisch hierzu auch *Steiner*, in: Blümel/Pitschas (Fn. 2), S. 151 (157); *Bonk*, NVwZ 1997, S. 320 (328 f.); *Eckert*, Beschleunigung (Fn. 22), S. 56.

Zusammenfassung

1. Das Rechtsinstitut der materiellen Präklusion erfährt gegenwärtig eine Ausdehnung auf weite Bereiche des raumbezogenen Verwaltungsrechts. Dies erfordert eine vertiefte Untersuchung des Rechtsinstituts nach seiner Bedeutung in unterschiedlichen Verfahrens- und Entscheidungszusammenhängen, gerichtlichen Kontrollstrukturen und Rechtsquellen.

2. Die materielle Präklusion kann sämtliche Einwendungen Dritter erfassen, die auf subjektive Rechte gestützt sind. Sie schließt deren Geltendmachung im Prozeß zwingend aus.

3. Der Eintritt der materiellen Präklusion hat weder einen Rechtsuntergang noch einen Ausschluß von Tatsachenvortrag im Verwaltungsprozeß zur Folge. Vielmehr führt die materielle Präklusion im Prozeß zu einer Einschränkung der Kontrolle in tatsächlicher Hinsicht: Bei der Überprüfung des Abwehranspruchs darf der Richter im Verhältnis zwischen Einwender und Behörde nur den nicht präkludierten Sachverhalt zugrunde legen.

4. Die materielle Präklusion ist weder Ausdruck des Verwirkungsgedankens noch Instrument zur Stärkung der Bestandskraft der Verwaltungsentscheidung gegen potentielle Drittklagen. Ihr dogmatisches Fundament ist primär der Gedanke kooperativer Sachverhaltsermittlung im Verwaltungsverfahren. Ein Nebenzweck des Einwendungsausschlusses liegt darin, dem Vorhabenträger bzw. Antragsteller frühzeitig relative Planungs- und Investitionssicherheit zu bieten.

5. Die präklusionsabwendenden "Einwendungen" i.S. der Präklusionsnormen bestehen in Tatsachenvortrag zur Ausfüllung des Abwehranspruchs. Der konkret erforderliche Tatsachenvortrag wird durch die Informationspflicht der Behörde und den Amtsermittlungsgrundsatz normativ konturiert und spiegelt so den Dialogcharakter des Verwaltungsverfahrens wider. Er läßt sich nur im Kontext des jeweiligen Entscheidungszusammenhangs näher bestimmen. Die Rüge von Rechtsnormen ist nicht gefordert.

6. Bei komplexen Anlagengenehmigungen muß der Einwender zur Erhaltung seiner materiellen Rechtspositionen sowohl das eigene betroffene

Rechtsgut als auch die Art und Weise seiner Beeinträchtigung detailliert bezeichnen. Fehler im Anhörungsverfahren, die für Drittbetroffene begründete relative Verfahrensrechte beeinträchtigen können, werden grundsätzlich nicht von der Einwendungslast erfaßt, sondern hindern schon den Lauf der Ausschlußfrist.

7. Problematisch ist im Planfeststellungsrecht, in welchem Umfang eine Einwendungslast auf den von der enteignungsrechtlichen Vorwirkung betroffenen Eigentümer erstreckt werden soll. Sie sollte grundsätzlich Verstöße gegen objektives Verfahrensrecht nicht umfassen, da diese in der Sphäre der Behörde liegen. Im Rahmen des Abwägungsgebotes muß der Eigentümer jedenfalls die Betroffenheit eigener privater Belange einwenden, um im Prozeß deren fehlerhafte Abwägung rügen zu können. Gründlicher als bisher muß erwogen werden, ob und inwieweit der Eigentümer auch auf öffentliche Belange hinweisen muß, um später seine Klage auf diesbezügliche Abwägungsfehler stützen zu können; sowohl für wie gegen ein solches Erfordernis lassen sich Argumente anführen. Dasselbe gilt für die Frage, ob sonstige objektive Rechtsbindungen der Planung dem Einwendungsausschluß unterliegen können.

8. Die Übernahme der materiellen Präklusion in das Baugenehmigungsverfahren (vgl. § 55 Abs. 2 S. 2 bad.-württ. LBO) birgt die Gefahr, daß dem Angrenzer Rechtsrügen zur Erhaltung seines Abwehranspruchs abverlangt werden. Daher sind zumindest niedrige Anforderungen an die gebotene Substantiierung der Einwendungen zu stellen.

9. Der Einwendungsausschluß läßt objektiv die der Behörde obliegende Amtsermittlungspflicht ebenso unberührt wie das ihr vorgegebene normative Entscheidungsprogramm.

10. Die materielle Präklusion erfaßt nachträgliche Änderungen der Sachlage und neu hinzugekommene Einwender nicht; eine Ausnahme gilt nur für die Rechtsnachfolge in präklusionsbelastetes Eigentum. Eine Pflicht zur unverzüglichen nachträglichen Erhebung von Einwendungen besteht nicht.

11. Der materiellen Präklusion geht es um den Erhalt der Wirksamkeit einer getroffenen Regelung. Daher erstreckt sie sich auch auf Planergänzungs-, Aufhebungs- und Staatshaftungsansprüche, nicht dagegen auf Ansprüche auf nachträgliche Anordnungen im Genehmigungsrecht sowie auf Nichtigkeitsklagen.

12. Vor dem verfassungsrechtlichen Prüfungsmaßstab der Rechtsschutzgarantie (Art. 19 Abs. 4 GG) kann die materielle Präklusion primär durch das Gebot gegenseitiger institutioneller Rücksichtnahme zwischen Verwaltungsverfahren und Verwaltungsprozeß, flankierend auch durch den Grundsatz ausgewogenen Rechtsschutzes gerechtfertigt werden.

13. Indes darf die materielle Präklusion nicht in jeglichen Verfahrenszusammenhängen mit Hinweis auf die Sasbach-Entscheidung des BVerfG als verfassungsrechtlich unbedenklich angesehen werden. Die einzelnen Verfahrenszusammenhänge müssen daraufhin untersucht werden, ob sie die spezifischen Strukturmerkmale aufweisen, welche die Anordnung einer materiellen Präklusion rechtfertigen können. Dies sind die Großräumigkeit der Verwaltungsentscheidung, die lange Verfahrensdauer und die Unbestimmtheit und Offenheit des materiellen Entscheidungsprogramms. Das Beschleunigungsanliegen allein dürfte zur Rechtfertigung kaum genügen.

14. Nach den genannten verfassungsrechtlichen Maßstäben läßt sich die materielle Präklusion bei den komplexen Genehmigungsverfahren des Atom-, Immissionsschutz- und Gentechnikrechts sowie in der Verkehrswegeplanung gut rechtfertigen. Auch ihre Anordnung im allgemeinen Planfeststellungsrecht und in den wasserrechtlichen Genehmigungsverfahren ist mit Art. 19 Abs. 4 GG vereinbar. Verfassungsrechtliche Zweifel bestehen an der Präklusion zu Lasten der Angrenzer im Baugenehmigungsverfahren.

15. Nach der Entscheidung des EuGH in der Rechtssache Peterbroeck ist zweifelhaft geworden, ob der Einwendungsausschluß auch auf Gemeinschaftsrecht gestützte Abwehransprüche ergreifen kann. Richtig verstanden, steht jedoch das gemeinschaftsrechtliche Gebot effektiven Rechtsschutzes gegen Verletzungen von EG-Recht den Präklusionsnormen des deutschen Verwaltungsrechts nicht entgegen. Bei der zur Prüfung dieser Frage vom EuGH vorzunehmenden Abwägung zwischen dem Interesse an wirksamer Durchsetzung des Gemeinschaftsrechts und gegenläufigen Belangen muß berücksichtigt werden, daß die deutschen Präklusionsnormen keine Erhebung von Rechtsrügen verlangen und in hochkomplexen, großräumigen Planungs- und Genehmigungsverfahren verankert sind, in denen ein ungleich höheres Bedürfnis an kooperativer Sachverhaltsermittlung und relativer Planungssicherheit besteht als im Steuerverfahren des belgischen Ausgangsfalls der Rechtssache Peterbroeck.

16. Auch das Gemeinschaftsrecht richtet Vorgaben an die Einführung und Handhabung der materiellen Präklusion. Soweit gemeinschaftsrechtlich begründete Rechtspositionen betroffen sind, darf diese nicht auf eine Pflicht zur Rüge von Rechtsvorschriften hinauslaufen und nicht auf kleinräumige, wenig komplexe Verfahrenszusammenhänge ausgedehnt werden.

17. Eine Zuständigkeit des Landesgesetzgebers, die materielle Präklusion auch mit Wirkung für bundesrechtlich begründete materielle Abwehransprüche zu begründen, läßt sich wohl als Kompetenz kraft Sachzusammenhangs begründen.

18. In ihrer dogmatischen Konstruktion ist die sogenannte "Behördenpräklusion" von der klassischen Einwenderpräklusion deutlich zu trennen. Sie knüpft an verschiedene Elemente des Verwaltungsverfahrens an und zeitigt in Verwaltungsverfahren und Verwaltungsprozeß unterschiedliche Wirkung.

19. Die Vorschriften über die Behördenpräklusion können eine materielle Wirkung nur dort entfalten, wo der Behörde ein Ermessen im weitesten Sinne eröffnet ist. Sie beziehen sich nicht auf Sachverhaltselemente, die für die Subsumtion unter zwingendes Recht von Bedeutung sind.

20. Die Wirkung der Behördenpräklusion besteht darin, daß diejenigen tatsächlichen Umstände, auf die die Fachbehörde erstmals verfristet hinweist und die die Entscheidungsbehörde auch nicht kennt oder kennen muß, aus dem Gesamtsachverhalt, der für die Ermessensausübung bzw. planerische Abwägung maßgeblich ist, ausgeblendet werden.

21. Mit der Regel, wonach die Planungsbehörde einen für sie nicht offensichtlichen öffentlichen Belang, der von der Fachbehörde verfristet geltend gemacht wurde, bei der Abwägung unberücksichtigt lassen darf, enthalten die Normen über die Behördenpräklusion nur eine Fortführung von Ansätzen, die schon bisher in der Abwägungsdogmatik angelegt waren. Eine wesentliche Neuerung liegt darin, daß die Behörde nach den Vorschriften über die obligatorische Behördenpräklusion rechtswidrig handelt, wenn sie ein verfristet geltend gemachtes Sachverhaltselement bei ihrer Entscheidung gleichwohl berücksichtigt.

22. Die Behördenpräklusion ist verfassungsgemäß. Sie verstößt weder gegen verfassungsrechtliche Schutzpflichten des Staates noch gegen den Amtsermittlungsgrundsatz oder das Abwägungsgebot als Ausprägungen des Rechtsstaatsprinzips.

Literaturverzeichnis

Barbieri, Ezio Maria: Poteri del giudice amministrativo e diritto comunitario (nota a sentenza), Rivista italiana di diritto pubblico comunitario 1996, S. 692 ff.

Beckmann, Martin: Verwaltungsgerichtlicher Rechtsschutz im raumbedeutsamen Umweltrecht, Münster 1987.

Bender, Bernd / *Sparwasser*, Reinhard / *Engel*, Rüdiger: Umweltrecht, 3. Aufl., Heidelberg 1995.

Berg, Wilfried: Zur Untersuchungsmaxime im Verwaltungsverfahren, DV 9 (1976), S. 161 ff.

Berger, Ulrich Georg: Grundfragen umweltrechtlicher Nachbarklagen, Köln u.a. 1982.

Blümel, Willi (Hrsg.): Verkehrswegeplanung in Deutschland, Speyer 1991.

Bonk, Heinz Joachim: Strukturelle Änderungen des Verwaltungsverfahrens durch das Genehmigungsverfahrensbeschleunigungsgesetz, NVwZ 1997, S. 320 ff.

-- Ungeschriebene Kompetenzen im Bundesstaat, AöR 96 (1971), S. 237 ff.

Bullinger, Martin: Beschleunigte Genehmigungsverfahren für eilbedürftige Vorhaben, Baden-Baden 1991.

Bülow, Petra / *Pfeil*, Martin: Straßenrecht für die neuen Länder - ein Schritt nach vorne? LKV 1994, S. 33 ff.

Burgi, Martin: Verwaltungsprozeß und Europarecht, München 1996.

Caranta, Roberto: Impulso di parte e iniziativa del giudice nell'applicazione del diritto comunitario, Giurisprudenza italiana 1996, P. I Sez. I, S. 1289 ff.

Chapus, René: Droit du contentieux administratif, 6. Aufl., Paris 1996.

Class, Thomas: Schutz des Bürgers im Genehmigungsverfahren zu Großanlagen, VR 1990, S. 1 ff.

Czybulka, Detlef: Rechtspflichten des Bundes und der Länder zur Ausweisung und Erhaltung von Schutzgebieten nach nationalem, europäischem und internationalem Recht, Jb. UTR Bd. 36 (1996), S. 235 ff.

v. Danwitz, Thomas: Verwaltungsrechtliches System und Europäische Integration, Tübingen 1996.

-- Umweltrechtliche Präklusionsnormen zwischen Verwaltungseffizienz und Rechtsschutzgarantie, UPR 1996, S. 323 ff.

Dauses, Manfred (Hrsg.): Handbuch des EG-Wirtschaftsrechts, München (Loseblatt, Stand: Nov. 1996).

de Witt, Siegfried: Annmerkung zu BVerwG v. 17.7.1980, DVBl. 1980, 1001, DVBl. 1980, S. 1006 ff.

Degen, Manfred: Klageverfahren und Klagegründe im französischen Verwaltungsprozeß, Die Verwaltung 14 (1981), S. 157 ff.

Degenhart, Christoph: Präklusion im Verwaltungsprozeß, in: Erichsen, Hans-Uwe / Hoppe, Werner / v. Mutius, Albert (Hrsg.): System des verwaltungsgerichtlichen Rechtsschutzes, Festschrift für C.-F. Menger, Köln u.a. 1985, S. 621 ff.

di Fabio, Udo: Risikoentscheidungen im Rechtsstaat, Tübingen 1994.

Dolzer, Rudolf / *Vogel*, Klaus (Hrsg.): Bonner Kommentar zum Grundgesetz, Heidelberg (Loseblatt, Stand: März 1997).

Dreier, Horst (Hrsg.): Grundgesetz-Kommentar, Band I, Tübingen 1996.

Eckert, Lucia: Beschleunigung von Planungs- und Genehmigungsverfahren, Speyer 1997.

Engel, Christoph: Einwirkungen des europäischen Gemeinschaftsrechts auf das deutsche Verwaltungsrecht, Die Verwaltung 25 (1992), S. 437 ff.

Erbguth, Wilfried: Rechtssystematische Grundfragen des Umweltrechts, Berlin 1987.

-- Umweltrecht im Gegenwind: die Beschleunigungsgesetze, JZ 1994, S. 477 ff.

Erbguth, Wilfried / *Schink*, Alexander: Gesetz über die Umweltverträglichkeitsprüfung - Kommentar, 2. Aufl., München 1996.

Erichsen, Hans-Uwe (Hrsg.): Allgemeines Verwaltungsrecht, 10. Aufl., Berlin u.a. 1995.

Forsthoff, Ernst: Lehrbuch des Verwaltungsrechts, Erster Band: Allgemeiner Teil, 10. Aufl., München 1973.

Gaentzsch, Günter: Die bergrechtliche Planfeststellung, in: Franßen, Everhardt u.a. (Hrsg.): Bürger-Richter-Staat, Festschrift für H. Sendler, München 1991, S. 403 ff.

-- Die Planfeststellung als Anlagenzulassung und Entscheidung über die Zulässigkeit der Enteignung, in: Berkemann, Jörg u.a. (Hrsg.): Planung und Plankontrolle, Festschrift für Otto Schlichter, Köln u.a. 1995, S. 517 ff.

Gassner, Erich / *Bendomir-Kahlo*, Gabriele / *Schmidt-Ränsch*, Annette / *Schmidt-Ränsch*, Jürgen: Bundesnaturschutzgesetz (BNatSchG) - Kommentar, München 1996.

Gellermann, Martin: Rechtsfragen des europäischen Habitatschutzes, NuR 1996, S. 548 ff.

-- Biotop- und Artenschutz, in: Rengeling, Hans-Werner (Hrsg.), Handbuch des europäischen und deutschen Umweltrechts, (i.E.), § 79.

Gieseke, Paul/ *Wiedemann*, Werner/ *Czychowski*, Manfred: Wasserhaushaltsgesetz, 6. Aufl., München 1992.

Grabitz, Eberhard / *Hilf*, Meinhard (Hrsg.): Kommentar zur Europäischen Union, München (Loseblatt, Stand Okt. 1995).

Graffe, Udo: Die Beteiligung des Bürgers an umweltschutzrechtlich relevanten Verfahren unter besonderer Berücksichtigung des VwVfG, Diss. Mainz 1980.

Gromitsaris, Athanasios: Die Lehre von der Genehmigung, VerwArch 88 (1997), S. 52 ff.

Haupt, Ulrich: Ausschlußfristen in Einwendungsverfahren des öffentlichen Rechts, Diss. Bonn 1988.

Hesse, Konrad: Grundzüge des Verfassungsrechts der Bundesrepublik Deutschland, 20. Aufl., Heidelberg 1995.

Hett, Frank-Thomas: Öffentlichkeitsbeteiligung bei atom- und immissionsschutzrechtlichen Genehmigungsverfahren, Köln u.a. 1994.

Heukels, Ton: Case Law, CMLR 1996, S. 337 ff.

Hill, Hermann: Das fehlerhafte Verfahren und seine Folgen im Verwaltungsrecht, Heidelberg 1986.

Hirsch, Günter / *Schmidt-Didczuhn*, Andrea: Gentechnikgesetz mit Gentechnik-Verordnungen - Kommentar, München 1991.

Hoffmann-Riem, Wolfgang / *Rubbert*, Susanne: Atomrechtlicher Erörterungstermin und Öffentlichkeit: zum Verhältnis von Bürgerbeteiligung und Öffentlichkeit, Heidelberg 1984.

Holznagel, Bernd: Konfliktlösung durch Verhandlungen, Baden-Baden 1990.

Hoppe, Werner: Gerichtliche Kontrolldichte bei komplexen Verwaltungsentscheidungen - Ein Beitrag zu "zieldiktierten" Planungs- und komplexen Prognoseentscheidungen, in: Bachof, Otto / Heigl, Ludwig / Redeker, Konrad (Hrsg.): Verwaltungsrecht zwischen Freiheit, Teilhabe und Bindung, Festgabe zum 25jährigen Bestehen des Bundesverwaltungsgerichts, München 1978, S. 295 ff.

-- (Hrsg.): Gesetz über die Umweltverträglichkeitsprüfung, Köln u.a. 1995.

Hoppe, Werner / *Beckmann*, Martin: Umweltrecht, München 1989.

Huber, Peter M.: Der Immissionsschutz im Brennpunkt modernen Verwaltungsrechts, AöR 114 (1989), S. 252 ff.

Ipsen, Jörn: Einwendungsbefugnis und Einwendungsausschluß im atomrechtlichen Genehmigungsverfahren, DVBl. 1980, S. 146 ff.

Isensee, Josef / *Kirchhof*, Paul (Hrsg.): Handbuch des Staatsrechts der Bundesrepublik Deutschland, Bände I - VIII, Heidelberg 1987 - 1995.

Iven, Klaus: Schutz natürlicher Lebensräume und Gemeinschaftsrecht, NuR 1996, S. 373 ff.

Jachmann, Monika: Die Fiktion im Öffentlichen Recht, Habilitationsschrift Regensburg 1996 (im Erscheinen, zit. nach dem maschinenschriftlichen Manuskript).

Jacoby, Henrik: Die Beschleunigung von Verwaltungsverfahren und das Verfassungsrecht, Frankfurt u.a. 1996.

Jäde, Henning: Das Wohnungsbau-Erleichterungsgesetz: planungsrechtliche Probleme/baurechtliche Genehmigungsverfahren, UPR 1991, S. 50 ff.

Jarass, Hans D.: Bundes-Immissionsschutzgesetz (BImSchG) - Kommentar, 3. Aufl., München 1995 (mit Nachtrag Oktober 1996).

Jesch, Volkmar / *Ley*, Nikolaus / *Racky*, Klaus / *Winterstein*, Ingo / *Kuhn*, Bernhard: Investitionsvorranggesetz, 2. Aufl., Berlin u.a. 1996.

Kadelbach, Stefan: Der Einfluß des EG-Rechts auf das nationale Allgemeine Verwaltungsrecht, in: v. Danwitz, Thomas u.a. (Hrsg.): Auf dem Wege zu einer Europäischen Staatlichkeit, Stuttgart u.a. 1993, S. 131 ff.

Kimminich, Otto / *Frhr. v. Lersner*, Heinrich / *Storm*, Peter-Christoph (Hrsg.): Handwörterbuch des Umweltrechts, 2. Aufl., Berlin 1994.

Kloepfer, Michael: Umweltrecht, München 1989.

Kloepfer, Michael / *Rehbinder*, Eckard / *Schmidt-Aßmann*, Eberhard: Umweltgesetzbuch Allgemeiner Teil, Berlin 1990.

Knack, Hans Joachim (Begr.): Verwaltungsverfahrensgesetz, 5. Aufl., Köln u.a. 1996.

Knemeyer, Franz-Ludwig: Rechtliches Gehör im Gerichtsverfahren, in: Isensee, Josef / Kirchhof, Paul (Hrsg.): Handbuch des Staatsrechts der Bundesrepublik Deutschland, Bd. 6: Freiheitsrechte, Heidelberg 1989, § 155.

Koch, Hans-Joachim / *Scheuing*, Dieter H. (Hrsg.): Gemeinschaftskommentar zum Bundes-Immissionsschutzgesetz, Düsseldorf (Loseblatt, Stand Grundwerk 1994).

Kopp, Ferdinand O.: Verwaltungsverfahrensgesetz, 6. Aufl., München 1996.

Köppl, Paul: Die Ausschlußfristen im öffentlichen Recht, Diss. München 1970.

Kormann, Joachim (Hrsg.): Aktuelle Fragen der Planfeststellung, UPR-Special, Band 7, München 1994.

Köstlin, Thomas: Die Kulturhoheit des Bundes - Eine Untersuchung zum Kompetenz- und Organisationsrecht des Grundgesetzes unter Berücksichtigung der Staatspraxis in der Bundesrepublik Deutschland, Berlin 1989.

Krautzberger, Michael: Schwerpunkte der Städtebaurechtsnovelle 1998, NVwZ 1996, S. 1047 ff.

Krings, Michael: Die Klagbarkeit europäischer Umweltstandards im Immissionsschutzrecht, UPR 1996, S. 89 ff.

Kühling, Jürgen: Fachplanungsrecht, Düsseldorf 1988.

Landmann, Robert v. /*Rohmer*, Gustav (Begr.)/ *Hansmann*, Klaus (Hrsg.): Umweltrecht, Band I, Bundes-Immissionsschutzgesetz mit Durchführungsbestimmungen - Kommentar, München (Loseblatt Stand: 15.10.1996).

Larenz, Karl: Allgemeiner Teil des deutschen Bürgerlichen Rechts, 7. Aufl., München 1989.

v. Mangoldt, Hermann / *Klein*, Friedrich (Begr.)/ *Pestalozza*, Christian: Das Bonner Grundgesetz - Kommentar, Band 8: Artikel 70 bis Artikel 75 - Die Gesetzgebungskompetenzen, 3. Aufl., München 1996.

Menger, Christian-Friedrich: Die Grundsätze von Treu und Glauben im Gerichtsverfahrensrecht, VerwArch 66 (1975), S. 85 ff.

Metz, Christopher: Zulässigkeit und Grenzen formeller und materieller Präklusion, Diss. Bonn 1983.

Meyer, Hans: Wahlgrundsätze und Wahlverfahren, in: Isensee, Josef / Kirchhof, Paul (Hrsg.), Handbuch des Staatsrechts der Bundesrepublik Deutschland, Bd. 2: Demokratische Willensbildung - die Staatsorgane des Bundes, Heidelberg 1987, § 38.

Milger, Wolf-Dietmar: Die Präklusion von Rechten Dritter in Genehmigungs- und Planfeststellungsverfahren, Diss. Göttingen, 1991.

v. Münch, Ingo (Begr.) / *Kunig*, Philipp (Hrsg.): Grundgesetz-Kommentar, Band 3, 3. Aufl., München 1996.

Niehues, Norbert: Der verwaltungsverfahrensrechtliche Ausschluß von Einwendungen gegen einen Planfeststellungsbeschluß, in: Berkemann, Jörg u.a. (Hrsg.): Planung und Plankontrolle, Festschrift für Otto Schlichter, Köln u.a. 1995, S. 619 ff.

Nierhaus, Michael: Beweismaß und Beweislast, München 1989.

Osterloh, Lerke: Gesetzesbindung und Typisierungsspielräume bei der Anwendung der Steuergesetze, Baden-Baden 1992.

Paetow, Stefan: Genehmigung statt Planfeststellung, in: Berkemann, Jörg u.a. (Hrsg.): Planung und Plankontrolle, Festschrift für Otto Schlichter, Köln u.a. 1995, S. 499 ff.

Palandt, Otto (Begr.): Bürgerliches Gesetzbuch, 56. Aufl., München 1997.

Papier, Hans-Jürgen: Einwendungen Dritter in Verwaltungsverfahren, NJW 1980, S. 313 ff.

-- Rechtsschutzgarantie gegen die öffentliche Gewalt, in: Isensee, Josef / Kirchhof, Paul (Hrsg.): Handbuch des Staatsrechts der Bundesrepublik Deutschland, Bd. 6: Freiheitsrechte, Heidelberg 1989, § 154.

Pietzcker, Jost: Das Verwaltungsverfahren zwischen Verwaltungseffizienz und Rechtsschutzauftrag, VVDStRL 41 (1983), S. 193 ff.

Pitschas, Rainer: Verwaltungsverantwortung und Verwaltungsverfahren, München 1990.

Rebmann, Kurt / *Säcker*, Hans-Jürgen (Hrsg.): Münchener Kommentar zum Bürgerlichen Gesetzbuch, Band 2, Schuldrecht Allgemeiner Teil (§§ 241 - 432), 3. Aufl., München 1994.

Redeker, Konrad: Grundgesetzliche Rechte auf Verfahrensteilhabe (Bemerkungen zu einem status activus processualis), NJW 1980, S. 1593.

Redeker, Konrad / *v. Oertzen*, Hans-Joachim: Verwaltungsgerichtsordnung - Kommentar, 11. Aufl., Stuttgart 1994.

Rengeling, Hans-Werner / *Middeke*, Andreas / *Gellermann*, Martin: Rechtsschutz in der Europäischen Union - Durchsetzung des Gemeinschaftsrechts vor europäischen und deutschen Gerichten, München 1994.

Rennert, Klaus: Fragen zur Verfassungsmäßigkeit des neuen Asylverfahrensrechts, DVBl. 1994, S. 717 ff.

Ress, Georg: Artikel "Europäische Gemeinschaften", in: Kimminich, Otto / Frhr. v. Lersner, Heinrich / Storm, Peter-Christoph (Hrsg.): Handwörterbuch des Umweltrechts, 2. Aufl., Berlin 1994, Sp. 548 ff.

Roldan Barbero, Javier: Derecho Comunitario y Principios Fundamentales del Derecho Interno, Revista de Instituciones Europeas 1996, S. 799 ff.

Ronellenfitsch, Michael: Der Einwendungsausschluß im Wasserrecht, VerwArch 74 (1983), S. 369 ff.

-- Beschleunigung und Vereinfachung der Anlagenzulassungsverfahren, Berlin 1994.

Russo, Aldo: E sempre più "diffuso" il controllo di conformità al diritto comunitario ad opera del giudice nazionale? (nota a sentenza), Rivista italiana di diritto pubblico comunitario 1996, S. 701 ff.

Sachs, Michael (Hrsg.): Grundgesetz - Kommentar, München 1996.

Sauter, Helmut: Landesbauordnung für Baden-Württemberg, 3. Aufl., Stuttgart (Loseblatt, Stand Nov. 1996).

Schlichter, Otto / *Stich*, Rudolf (Hrsg.): Berliner Kommentar zum Baugesetzbuch, 2. Aufl., Köln u.a. 1995.

Schmidt-Aßmann, Eberhard: Verwaltungsverantwortung und Verwaltungsgerichtsbarkeit, VVDStRL 34 (1976), S. 221 ff.

-- Das Allgemeine Verwaltungsrecht als Ordnungsidee und System, Heidelberg 1982.

-- Die Umsetzung der EG-Richtlinie über die Umweltverträglichkeitsprüfung (UVP-RL) vom 27. Juni 1985 in das nationale Recht, in: Hailbronner, Kay u.a. (Hrsg.): Staat und Völkerrechtsordnung, Festschrift für Karl Doehring, Berlin u.a. 1989, S. 889 ff.

-- Verwaltungsverfahren, in: Isensee, Josef / Kirchhof, Paul (Hrsg.): Handbuch des Staatsrechts der Bundesrepublik Deutschland, Bd. 3: Das Handeln des Staates, Heidelberg 1990, § 70.

-- Deutsches und Europäisches Verwaltungsrecht - Wechselseitige Einwirkungen, DVBl. 1993, S. 924 ff.

-- Grundrechtswirkungen im Verwaltungsrecht in: Bender, Bernd u.a. (Hrsg.): Rechtsstaat zwischen Sozialgestaltung und Rechtsschutz, Festschrift für Konrad Redeker zum 70. Geburtstag, München 1993, S. 225 ff.

-- (Hrsg.): Besonderes Verwaltungsrecht, 10. Aufl., Berlin u.a. 1995.

-- Europäische Rechtsschutzgarantien - Auf dem Wege zu einem kohärenten Verwaltungsrechtsschutz in Europa, in: Beyerlin, Ulrich u.a. (Hrsg.): Recht zwischen Umbruch und Bewahrung, Festschrift für Rudolf Bernhardt, Berlin u.a. 1995, S. 1283 ff.

-- Europäisches Verwaltungsverfahrensrecht, in: Müller-Graff, Peter-Christian (Hrsg.): Perspektiven des Rechts in der Europäischen Union (i.E.).

Schmidt-Preuß, Matthias: Kollidierende Privatinteressen im Verwaltungsrecht, Berlin 1992.

Schneider, Jens-Peter: Nachvollziehende Amtsermittlung bei der Umweltverträglichkeitsprüfung, Berlin 1991.

-- Kooperative Verwaltungsverfahren - Problemebenen der Kooperation in multilateralen Interessenstrukturen, aufgezeigt am Beispiel von nachvollziehender Amtsermittlung, Vorhaben- und Erschließungsplan sowie Konfliktmittlung, VerwArch 87 (1996), S. 38 ff.

Schoch, Friedrich / *Schmidt-Aßmann*, Eberhard / *Pietzner*, Rainer (Hrsg.): Verwaltungsgerichtsordnung - Kommentar, München (Loseblatt, Stand: 1. April 1996).

Scholz, Rupert: Ausschließliche und konkurrierende Gesetzgebungskompetenz von Bund und Ländern in der Rechtsprechung des Bundesverfassungsgerichts, in: Starck, Christian (Hrsg.): Bundesverfassungsgericht und Grundgesetz, Festgabe aus Anlaß des 25jährigen Bestehens des Bundesverfassungsgerichts, Band II, Tübingen 1976, S. 252 ff.

Schulte, Stefan: Das Regelwerk der Fristen im Genehmigungsverfahren der neuen LBO - Wahrer Nutzen für die Beschleunigung oder bloß schöner Schein?, VBlBW 1996, S. 289 ff.

Schulze-Fielitz, Helmuth: Das Bundesverfassungsgericht im Netz seiner Rechtsprechung, DVBl. 1982, S. 328 ff.

Schwarze, Jürgen: Der funktionale Zusammenhang von Verwaltungsverfahrensrecht und verwaltungsgerichtlichem Rechtsschutz, Berlin 1974.

Sellner, Dieter: Kontrolle immissionsschutzrechtlicher und atomrechtlicher Entscheidungen im Verwaltungsgerichtsprozeß, BauR 1980, S. 391 ff.

-- Immissionsschutzrecht und Industrieanlagen, 2. Aufl., München 1988.

Sendler, Horst: Neue Entwicklungen bei Rechtsschutz und gerichtlicher Kontrolldichte im Planfeststellungsrecht, in: Kormann, Joachim (Hrsg.): Aktuelle Fragen der Planfeststellung, UPR-Special, Band 7, München 1994, S. 9 ff.

-- (Un)erhebliches zur planerischen Gestaltungsfreiheit, in: Berkemann, Jörg u.a. (Hrsg.): Planung und Plankontrolle, Festschrift für Otto Schlichter, Köln u.a. 1995, S. 55 ff.

Simon, Denys: Note de Jurisprudence, Journal du droit international 1996, S. 468 ff.

Solveen, Dirk: Zur materiellen Präklusion im Fernstraßenplanungsrecht, DVBl. 1997, S. 803 ff.

Starck, Christian: Verfassungsgerichtsbarkeit und Fachgerichte, JZ 1996, S. 1033 ff.

Steinberg, Rudolf: Komplexe Verwaltungsverfahren zwischen Verwaltungseffizienz und Rechtsschutzauftrag, DÖV 1982, S. 619 ff.

Steiner, Udo: Beschleunigung der Planungen für Verkehrswege im gesamten Bundesgebiet, in: Blümel, Willi / Pitschas, Rainer (Hrsg.): Reform des Verwaltungsverfahrensrechts, Berlin 1994, S. 151 ff.

Stelkens, Paul / *Bonk*, Heinz Joachim / *Sachs*, Michael: Verwaltungsverfahrensgesetz - Kommentar, 4. Aufl., München 1993.

Stettner, Rupert: Grundfragen einer Kompetenzlehre, Berlin 1983.

Stober, Rolf: Zur Bedeutung des Einwendungsausschlusses in atom- und immissionsrechtlichen Genehmigungsverfahren, AöR 106 (1981), S. 41 ff.

Stüer, Bernhard: Die Beschleunigungsnovellen 1996, DVBl. 1997, S. 326 ff.

Tipke, Klaus / *Kruse*, Heinrich Wilhelm: Abgabenordnung, Finanzgerichtsordnung - Kommentar zur AO 1977 und FGO, Köln (Loseblatt, Stand 1995).

Triantafyllou, Dimitri: Zur Europäisierung des vorläufigen Rechtsschutzes, NVwZ 1992, S. 129 ff.

Trute, Hans-Heinrich: Vorsorgestrukturen und Luftreinhalteplanung im Bundes-Immissionsschutzgesetz, Heidelberg 1989.

Ule, Carl Hermann: Zur rechtlichen Bedeutung von Ausschlußfristen im Verwaltungsverfahren für den Verwaltungsprozeß, BB 1979, S. 1009 ff.

Wagner, Jörg / *Baumheier*, Ralph: Planungsbeschleunigung - Möglichkeiten und Grenzen legislativer und administrativer Ansätze zur Beschleunigung der Planungsverfahren für Infrastruktur- und private Vorhaben, in: Kormann, Joachim (Hrsg.): Aktuelle Fragen der Planfeststellung, UPR-Special, Band 7, München 1994, S. 39 ff.

Wahl, Rainer: Verwaltungsverfahren zwischen Verwaltungseffizienz und Rechtsschutzauftrag, VVDStRL 41 (1983), S. 151 ff.

-- Der Vorrang der Verfassung und die Selbständigkeit des Gesetzesrechts, NVwZ 1984, S. 401 ff.

-- Risikobewertung der Exekutive und richterliche Kontrolldichte - Auswirkungen auf das Verwaltungs- und das gerichtliche Verfahren, NVwZ 1991, S. 409 ff.

-- Das Verwaltungsverfahren bei Genehmigungsverfahren. Die nachvollziehende Amtsermittlung im UVP-Gesetz, in: Kroeschell, Karl (Hrsg.): Recht und Verfahren, Symposion der rechtswissenschaftlichen Fakultäten der Albert-Ludwigs-Universität Freiburg und der Städtischen Universität Osaka, Heidelberg 1993, S. 155 ff.

-- Neues Verfahrensrecht für Planfeststellung und Anlagengenehmigung - Vereinheitlichung des Verwaltungsverfahrens oder bereichsspezifische Sonderordnung?, in: Blümel, Willi / Pitschas, Rainer (Hrsg.), Reform des Verwaltungsverfahrensrechts, Berlin 1994, S. 84 ff.

Woehrling, Jean-Marie: Die französische Verwaltungsgerichtsbarkeit im Vergleich mit der deutschen, NVwZ 1985, S. 21 ff.

-- La recherche d'une complementarité entre procédure administrative et procédure contentieuse en matière d'opérations d'urbanisme, demnächst in: Etudes foncières 1997.

Wolfrum, Rüdiger: Der Ausschluß von Einwendungen im Anhörungsverfahren und sein Einfluß auf den Verwaltungsrechtsschutz, DÖV 1979, S. 497 ff.

Zuck, Rüdiger: Unwirksamkeit der gewerberechtlichen Ausschlußfrist für Einwendungen gegen "genehmigungspflichtige Anlagen", BB 1963, S. 671 ff.

Verzeichnis der zitierten Rechtsprechung

I. Europäischer Gerichtshof

EuGH (Rewe), v. 16.12.1976, Az.: 33/76 = Slg. 1976, 1989.

EuGH (Metro), v. 25.10.1977, Az.: 26/76 = Slg. 1977, 1875.

EuGH (FEDIOL), v. 10.4.1983, Az.: 191/82 = Slg. 1983, 2913.

EuGH (Demo Studio Schmidt), v. 11.10.1983, Az.: 210/81 = Slg. 1983, 3045 = NJW 1984, 554.

EuGH (Timex) , v. 20.3.1985, Az.: 264/82 = Slg. 1985, 849 = NJW 1985, 2088.

EuGH (Cofaz), v. 28.1.1986, Az.: 169/84 = Slg. 1986, 391 = DVBl. 1986, 552.

EuGH (Factortame), v. 19.6.1990, Az.: C-213/89 = Slg. 1990, I-2433 = NJW 1991, 2271.

EuGH (Zuckerfabrik Süderdithmarschen), v. 21.2.1991 , Az.: C-143/88 = Slg. 1991, I-415 = NVwZ 1991, 460.

EuGH (CIFRS), v. 24.3.1993, Az.: C-313/90 = Slg. 1993, I-1125.

EuGH (William Cook), v. 19.5.1993, Az.: C-198/91 = Slg. 1993, I-2487.

EuGH (Santoña), v. 2.8.1993, Az.: C-355/90 = Slg. 1993, I-4221 = NuR 1994, 521.

EuGH (Peterbroeck), v. 14.12.1995, Az.: C-312/93 = Slg. 1995, I-4599 = DVBl. 1996, 249 = EuZW 1996, 636.

EuGH (van Schijndel), v. 14.12.1995, Az.: C-430/93 u. 431/93 = Slg. 1995, I-4705 = EuZW 1996,542.

EuGH (Kraaijeveld), v. 24.10.1996, Az.: C-72/95 = Slg. 1996, I-5403 = DVBl. 1997, 40.

EuG (Sté. Générale des Grandes Sources), v. 27.4.1995, Az.: T-96/92 = Slg. 1995, II-1215.

EuG, v. 27.4.1995 (Vittel), Az.: T-12/93 = Slg. 1995, II-1247 = EuZW 1995, 677 (LS).

EuG, v. 27.4.1995 (ASPEC), Az.: T-435/93 = Slg. 1995, II-1281.

EuG, v. 27.4.1995 (AAC), Az.: T-442/93 = Slg. 1995, II-1329.

II. Bundesverfassungsgericht

BVerfG, Gutacht. v. 16.6.1954, Az.: 1 PBvV 2/52 = BVerfGE 3, 407.

BVerfG, Urt. v. 28.2.1961, Az.: 2 BvG 1,2/60 = BVerfGE 12, 205.

BVerfG, Urt. v. 30.10.1962, Az.: 2 BvF 2/60 u.a. = BVerfGE 15, 1 = NJW 1962, 2243.

BVerfG, Beschl. v. 5.2.1963, Az.: 2 BvR 21/60 = BVerfGE 15, 275 = NJW 1963, 803.

BVerfG, Beschl. v. 25.7.1967 , Az.: 2 BvC 4/62 = BVerfGE 22, 277.

BVerfG, Beschl. v. 28.10.1975, Az.: 2 BvR 883/73 u.a. = BVerfGE 40, 237 = NJW 1976, 34.

BVerfG, Beschl. v. 20.12.1979, Az.: 1 BvR 385/77 = BVerfGE 53, 30 = NJW 1980, 759 = DVBl. 1980, 356.

BVerfG, Beschl. v. 8.7.1982, Az.: 2 BvR 1187/80 = BVerfGE 61, 82 = NJW 1982, 2173.

BVerfG (Vorprüfungsausschuß), Beschl. v. 6.10.1982, Az.: 2 BvR 304/82 = NVwZ 1983, 27.

BVerfG, Beschl. v. 14.3.1984, Az.: 2 BvC 1/84 = BVerfGE 66, 232.

BVerfG, Urt. v. 18.12.1984, Az.: 2 BvE 13/83 = BVerfGE 68, 1 = NJW 1985, 603.

BVerfG, Beschl. v. 17.4.1991, Az.: 1 BvR 419/81 und 213/83 = BVerfGE 84, 34 = NJW 1991, 2005.

BVerfG, Beschl. v. 17.7.1996, Az.: 2 BvF 2/93 = NJW 1997, 383 = DVBl. 1997, 42 = DÖV 1997, 117 = UPR 1997, 24.

III. Bundesverwaltungsgericht

BVerwG, Urt. v. 26.5.1967, Az.: IV C 95.65 = BVerwGE 27, 129.

BVerwG, Beschl. v. 15.11.1973, Az.: IV B 148,73 = Buchholz 406.11 § 135 BBauG Nr. 5.

BVerwG, Urt. v. 25.2.1981, Az.: 8 C 7.81 = Buchholz 406.11 § 132 BBauG Nr. 32.

BVerwG, Urt. v. 25.1.1974, Az.: IV C 2.72 = BVerwGE 44, 294.

BVerwG, Urt. v. 7.2.1974, Az.: III C 115.71 = BVerwGE 44, 339.

BVerwG, Urt. v. 14.2.1975, Az.: IV C 21.74 = BVerwGE 48, 56.

BVerwG, Urt. v. 26.5.1978, Az.: 4 C 9.77 = BVerwGE 55, 369.

BVerwG, Urt. v. 22.6.1979, Az.: 4 C 8.76 = BVerwGE 58, 154.

BVerwG, Beschl. v. 9.11.1979, Az.: 4 N 1.78 u.a. = BVerwGE 59, 87.

BVerwG, Urt. v. 17.7.1980, Az.: 7 C 101.78 = BVerwGE 60, 297 = NJW 1981, 359 = DVBl. 1980, 1001 = DÖV 1981, 262.

BVerwG, Urt. v. 17.7.1980, Az.: 7 C 109.78 = NJW 1981, 363.

BVerwG, Urt. v. 11.12.1981, Az.: 4 C 69.78 = BVerwGE 64, 270.

BVerwG, Beschl. v. 11.12.1981, Az.: 7 B 22.81 = NVwZ 1982, 433.

BVerwG, Urt. v. 6.8.1982, Az.: 4 C 66.79 = BVerwGE 66, 99 = NJW 1984, 1250 = UPR 1983, 198.

BVerwG, Urt. v. 18.3.1983, Az.: 4 C 80.79 = BVerwGE 67, 74 = NJW 1983, 2459.

BVerwG, Beschl. v. 7.12.1983, Az.: 7 B 159.83 = NVwZ 1984, 234.

BVerwG, Urt. v. 30.5.1984, Az.: 4 C 58.81 = BVerwGE 69, 256 = NVwZ 1984, 718.

BVerwG, Urt. v. 6.7.1984, Az.: 4 C 22.80 = BVerwGE 69, 344 = NJW 1985, 1570.

BVerwG, Urt. v. 29.8.1986, Az.: 7 C 52.84 = NVwZ 1987, 131 = DVBl. 1987, 258 = Buchholz 406.25 § 10 BImSchG Nr. 2 = UPR 1987, 112.

BVerwG, Urt v. 5.12.1986, Az.: 4 C 13.85 = BVerwGE 75, 214 = NVwZ 1987, 578.

BVerwG, Urt. v. 6.3.1987, Az.: 4 C 11.83 = BVerwGE 77, 86 = NJW 1987, 3146.

BVerwG, Urt. v. 22.5.1987, Az.: 4 C 17-19.84 = BVerwGE 77, 295 = NJW 1987, 2884.

BVerwG, Urt. v. 15.7.1987, Az.: 4 C 56.83 = BVerwGE 78, 40 = NJW 1988, 434.

BVerwG, Urt. v. 22.10.1987, Az.: 7 C 4.85 = BVerwGE 78, 177 = NVwZ 1988, 536.

BVerwG, Urt. v. 9.9.1988, Az.: 7 C 3.86 = BVerwGE 80, 207 = NVwZ 1989, 52.

BVerwG, Beschl. v. 7.12.1988, Az.: 7 B 98.88 = NVwZ-RR 1989, 241 = DVBl. 1989, 510.

BVerwG, Beschl. v. 14.8.1989, Az.: 4 NB 24.88 = NVwZ-RR 1990, 122.

BVerwG, Urt. v. 27.9.1990, Az.: 4 C 44.87 = BVerwGE 85, 348 = NVwZ 1991, 364.

BVerwG, Beschl. v. 11.1.1991, Az.: 7 B 102.90 = NVwZ-RR 1991, 236.

BVerwG, Urt. v. 29.1.1991, Az.: 4 C 51.89 = BVerwGE 87, 332 = NVwZ-RR 1991, 601.

BVerwG, Urt. v. 27.3.1992, Az.: 7 C 18.91 = BVerwGE 90, 96 = NVwZ 1993, 364.

BVerwG, Urt. v. 2.7.1992, Az.: 5 C 51.90 = BVerwGE 90, 287 = NVwZ 1993, 587.

BVerwG, Beschl. v. 12.11.1992, Az.: 7 ER 300.92 = NVwZ 1993, 266 = DÖV 1993, 432 = Buchholz 442.08 § 36 BBahnG Nr. 22.

BVerwG, Urt. v. 30.8.1993, Az.: 7 A 14.93 = NVwZ 1994, 371 = Buchholz 442.08 § 36 BBahnG Nr. 23.

BVerwG, Urt. v. 16.9.1993, Az.: 4 C 28.91 = BVerwGE 94, 151 = NJW 1994, 1546 = DVBl. 1994, 248 = DÖV 1994, 263.

BVerwG, Beschl. v. 23.2.1994, Az.: 4 B 35.94 = NVwZ 1994, 688.

BVerwG, Urt. v. 22.6.1994, Az.: 6 C 37.92 = BVerwGE 96, 126.

BVerwG, Urt. v. 9.8.1994, Az.: 7 C 44.93 = BVerwGE 96, 258 = NVwZ 1995, 999 = Buchholz 451.171 § 7 AtG Nr. 1.

BVerwG, Urt. v. 9.8.1994, Az.: 7 C 45.93 = NVwZ 1995, 1002 = Buchholz 451.171 § 7 AtG Nr. 2.

BVerwG, Beschl. v. 19.12.1994, Az.: 7 B 251.94 = Buchholz 451.172 § 7 AtVfV Nr. 2.

BVerwG, Beschl. v. 16.1.1995, Az.: 7 B 194.94 = Buchholz 451.172 § 7 AtVfV Nr. 3.

BVerwG, Beschl. v. 30.1.1995, Az.: 7 B 20.95 = Buchholz 406.25 § 10 BImSchG Nr. 3.

BVerwG, Urt. v. 22.2.1995, Az.: 11 VR 1.95 = NVwZ 1995, 903 = Buchholz 442.09 § 20 AEG Nr. 1 = UPR 1995, 391 = NuR 1995, 407.

BVerwG, Beschl. v. 13.3.1995, Az.: 11 VR 2.95 = NVwZ 1995, 905 = UPR 1995, 268 = NuR 1995, 250.

BVerwG, Beschl. v. 13.3.1995, Az.: 11 VR 4.95 = NVwZ-RR 1995, 631 = UPR 1995, 308.

BVerwG, Beschl. v. 13.3.1995, Az.: 11 VR 5.95 = NVwZ 1995, 904 = Buchholz 445.5 § 14 WaStrG Nr. 3 = NuR 1995, 251.

BVerwG, Urt. v. 6.4.1995, Az.: 7 C 10.94 = BVerwGE 98, 147 = VIZ 1995, 412; ZOV 1995, 304.

BVerwG, Urt. v. 8.6.1995, Az.: 4 C 4.94 = BVerwGE 98, 339 = NVwZ-RR 1996, 381 = UPR 1995, 391.

BVerwG, Beschl. v. 27.6.1995, Az.: 7 B 259.94 = DÖV 1996, 209 = VIZ 1995, 588.

BVerwG, Beschl. v. 10.7.1995, Az.: 4 B 94.95 = NVwZ-RR 1996, 188.

BVerwG, Urt. v. 16.8.1995, Az.: 11 A 2.95 = NVwZ 1996, 267 = Buchholz 407.3 § 3 VerkPBG Nr. 1 = UPR 1996, 142 = NuR 1996, 511.

BVerwG, Beschl. v. 16.8.1995, Az.: 4 B 92.95 = NVwZ-RR 1996, 68 = UPR 1995, 445.

BVerwG, Beschl. v. 18.9.1995, Az.: 11 VR 7.95 = NVwZ 1996, 399 = NuR 1996, 88.

BVerwG, Urt. v. 27.12.1995, Az.: 11 A 24.95 = NVwZ 1996, 895 = Buchholz 442.09 § 20 AEG Nr. 4 = UPR 1996, 226.

BVerwG, Urt. v. 25.1.1996, Az.: 4 C 5.95 = BVerwGE 100, 238 = NVwZ 1996, 788 = DVBl. 1996, 677 = DÖV 1996, 604.

BVerwG, Beschl. v. 9.2.1996, Az.: 11 VR 45.95 = NVwZ 1996, 1021 = DÖV 1996, 514.

BVerwG, Beschl. v. 12.2.1996, Az.: 4 A 38.95 = NVwZ 1997, 171 = DVBl. 1996, 684 = DÖV 1996, 608 = UPR 1996, 236 = NuR 1997, 75.

BVerwG, Urt. v. 28.2.1996, Az.: 4 A 28/95 = NJW 1996, 2113.

BVerwG, Urt. v. 28.2.1996, Az.: 4 A 27/95 = NVwZ 1996, 1011.

BVerwG, Urt. v. 21.3.1996, Az.: 4 C 19.94 = BVerwGE 100, 370 = NVwZ 1996, 1016.

BVerwG, Urt. v. 21.3.1996, Az.: 4 C 26.94 = BVerwGE 100, 388.

BVerwG, Urt.v. 18.4.1996, Az.: 11 A 86/95 = BVerwGE 101, 73 = NVwZ 1996, 901 = DVBl.1996, 921 = DÖV 1996, 998 = UPR 1996, 350.

BVerwG, Urt. v. 24.5.1996, Az.: 4 A 38.95 = NVwZ 1997, 489 = DVBl. 1997, S. 51 = UPR 1996, 386 = NuR 1997, 83.

BVerwG, Gerichtsbesch. v. 3.7.1996, Az.: 11 A 64.95 = NVwZ 1997, 391 = Buchholz 442.09 § 20 AEG Nr. 7 = UPR 1997, 31.

BVerwG, Urt. v. 12.12.1996, Az.: 4 C 92.94 = DVBl. 1997, S. 708.

BVerwG, Urt. v. 12.2.1997, Az.: 11 A 62.95 = DVBl. 1997, 725.

BVerwG v. 17.2.1997, Az.: 4 VR 17.96 u. 4 A 41.98.

BVerwG v. 5.3.1997, Az.: 11 A 25.95.

BVerwG v. 23.4.1997, Az.: 11 A 7.97.

IV. Bundesgerichtshof

BGH, Urt. v. 12.7.1984, Az.: III ZR 65/83 = BGHZ 92, 114 = NJW 1985, 438 = DVBl. 1984, 1124.

BGH, Urt. v. 26.1.1989, Az.: III ZR 194/87 = BGHZ 106, 323 = NJW 1989, 876.

BGH, Urt. v. 6.7.1989, Az.: III ZR 251/89 = BGHZ 108, 224 = NJW 1990, 381.

BGH, Urt. v. 21.12.1989, Az.: III ZR 118/88 = BGHZ 109, 380 = NJW 1990, 1038.

BGH, Urt. v. 21.12.1989, Az.: III ZR 49/88 = BGHZ 110, 1 = NJW 1990, 1042.

BGH, Urt. v. 15.11.1990, Az.: III ZR 302/89 = BGHZ 113, 17 = NJW 1991, 1168.

V. Gerichte der Länder

OVG Berlin, Beschl. v. 29.3.1994, Az.: 1 S 45/93 = NVwZ 1995, 1023.

OVG Lüneburg, Beschl. v. 5.2.1981, Az.: 7 B 88/77 = UPR 1982, 91.

OVG Lüneburg, Beschl. v. 16.8.1985, Az.: 7 B 15/85 = NVwZ 1986, 671 = UPR 1987, 118.

OVG Lüneburg, Beschl. v. 21.10.1986, Az.: 7 D 2/86 = NVwZ 1987, 341.

VGH Kassel, Urt v. 4.3.1985, Az.: VIII OE 85/80 = NVwZ 1985, 764.

VGH Kassel, Urt. v. 7.1.1986, Az.: 2 UE 2855/84 = NVwZ 1986, 680.

OVG Koblenz, Urt. v. 19.5.1987, Az.: 7 C 1/87 = NVwZ 1988, 76.

OVG Koblenz, Beschl. v. 15.7.1993, Az.: 1 B 11225/93 = NVwZ-RR 1994, 381.

VGH Mannheim, Beschl. v. 4.3.1982, Az.: 5 S 1234/81 = ZfW 1983, S. 48.

VGH Mannheim, Urt. v. 2.12.1991, Az.: 1 S 818/91 = NVwZ-RR 1992, 261.

VGH Mannheim, Urt. v. 17.11.1995, Az.: 5 S 334/95 = NVwZ-RR 1997, 65 (LS) = UPR 1996, 398 (LS) = VBlBW 1996, 265.

VGH Mannheim, Urt. v. 13.3.1996, Az.: 5 S 1743/95 = ESVGH 46, 234 (LS) = DVBl. 1996, 929 (LS) = UPR 1996, 399 (LS) = VBlBW 1996, 423.

VGH Mannheim, Urt.v. 22.3.1996, Az.: 8 S 3060/95 = NVwZ-RR 1997, 88 = UPR 1997, 40 (LS).

VGH Mannheim, v. 28.3.1996, Az.: 5 S 1110/95.

VGH München, Urt. v. 9.4.1979 , Az.: 167 VI 77 = DVBl. 1979, 673.

VGH München, Urt. v. 5.7.1994, Az.: 8 A 93.40056 u.a. = NuR 1995, 274.

OVG Münster, Urt. v. 19.11.1991, Az.: 7 A 799/90 = NVwZ-RR 1992, 536.

OVG Münster, Urt. v. 27.4.1992, Az.: 21 A 800/88 = NVwZ 1993, 385 = UPR 1993, 105.

VG Berlin, Beschl. v. 7.5.1993, Az.: 14 A 167/93 = NVwZ-RR 1994, 150.

VG Berlin, v. 21.3.1994, Az.: 25 A 636.92 = ZOV 1995, 55.

VG Berlin, v. 18.7.1994, Az.: 14 A 181.94 = ZUR 1996, 41.

VG Berlin, v. 2.9.1995, Az.: 21 A 888/94.

VG Neustadt, Beschl. v. 16.12.1991, Az.: 7 L 1319/91 = NVwZ 1992, 1008.

VG Regensburg, Urt. v. 13.3.1989, Az.: 5 K 88/274 = NVwZ 1989, 1195.

Sachregister

FSC
www.fsc.org
MIX
Papier | Fördert
gute Waldnutzung
FSC® C083411

Kolibri 360 GmbH
Ferdinand-Jühlke-Straße 7
99095 Erfurt, Deutschland
produktsicherheit@kolibri360.de

Druck:
CPI Druckdienstleistungen GmbH
im Auftrag der
Kolibri 360 GmbH
Ferdinand-Jühlke-Str. 7
99095 Erfurt